Christel van Dieken (Hrsg.)

Lernwerkstätten und Forscherräume in Kita und Kindergarten

Christel van Dieken (Hrsg.)

Lernwerkstätten und Forscherräume in Kita und Kindergarten

FREIBURG · BASEL · WIEN

5. Auflage

Gedruckt auf umweltfreundlichem, chlorfrei gebleichtem Papier

Umschlaggestaltung: R·M·E Roland Eschlbeck/Rosemarie Kreuzer
Umschlagfoto: Hartmut W. Schmidt, Freiburg
Fotos im Innenteil: S. 42, 47, 53, 74, 101 Franziska Schubert-Suffrian;
S. 109 Sabine Redecker; S. 75, 79, 91, 97, 104 Angelika Ohrt;
S. 82, 88 Marion Tielemann

Alle Rechte vorbehalten – Printed in Germany
© Verlag Herder Freiburg im Breisgau 2004
www.herder.de
Satz: Barbara Herrmann, Freiburg
Druck und Bindung: fgb · freiburger graphische betriebe 2008
www.fgb.de
ISBN 978-3-451-28325-3

Ich widme dieses Buch in Liebe meinen beiden Kindern Julian und Marlene. Sie haben mich in der aufregenden und arbeitsreichen Zeit der Entstehung dieses Buches sehr unterstützt. Ohne sie wäre dieses Buch nicht entstanden.

Christel van Dieken

Inhalt

Vorwort 11

1 Brauchen wir Lernwerkstätten? 15

2 Wie ist die Werkstattidee entstanden? 20
2.1 Werkstattarbeit oder: Wie kommt das Lernen in die Werkstatt? 20
2.2 Geschichte der pädagogischen Werkstattarbeit 23
2.3 Pädagogische Grundlagen der Kita-Lernwerkstätten .. 28

3 Was ist eine Kita-Lernwerkstatt? 37
3.1 Eine Definition 37
3.2 Organisatorischer Ablauf einer Lernwerkstatt 41
3.3 Gestaltung von Werkstatträumen 53
3.4 Was spricht für die Einführung einer Lernwerkstatt? – Argumente im Überblick 55

4 Wie lernen Kinder in der Lernwerkstatt? 58
4.1 Erkenntnisse aus neurobiologischer Sicht und ihre Bedeutung für die Förderung kindlicher Lernprozesse 58
4.2 Bildung als Selbst-Bildung 61
4.3 Forscher, Entdecker, Erfinder 64
4.4 Fragen sind der Anfang einer Bewegung 66
4.5 Staunen und Staunanlässe schaffen 68

4.6 Begleitung durch die Erzieherin 71
Sabine Redecker
4.7 Lernwerkstatt für wen? 74

5 **Welche Lernbereiche gibt es in der Lernwerkstatt?** 77
Lernstationen und Lernmaterialien
- Der Ton- oder Knettisch 77
Franziska Schubert-Suffrian
- Die Lese- und Schreibecke 78
Franziska Schubert-Suffrian
- Die Matheecke 88
Sabine Redecker
- Die Forscherecke 95
Franziska Schubert-Suffrian
- Übungen des täglichen Lebens 104
Sabine Redecker
- Die Bau- und Konstruktionsecke 108
Christel van Dieken
- Die Hörecke 110
Angelika Ohrt
- Medien 113
Christel van Dieken
- Tüftlerecke/Auseinandernehmwerkstatt 117
Christel van Dieken
- Projekte in der Lernwerkstatt 118
Christel van Dieken

Inhalt _____ 9

**6 Welche Erfahrungen gibt es aus bereits bestehenden
    Lernwerkstätten?** 120
    Praxisberichte und Auswertungen
    – Einbeziehung der Eltern 120
    Helen Tesch und Petra Sanow
    – Personeller und sachlicher Aufwand 124
    Beate Müller-Czerwonka
    – Ein erprobtes Praxismodell: Kita Bünningstedt 126
    Marion Tielemann
    – Widersprüchliche Gefühle 138
    Marlis Amégnikpo
    – Platz ist in der kleinsten Hütte 140
    Bettina Jänsch
    – Ein Gruppenraum wird zur Lernwerkstatt 142
    Helen Tesch und Petra Sanow
    – Mögliche Stolpersteine 145
    Christel van Dieken

7 Schlusswort 147
    Beate Müller-Czerwonka

Literatur 151

Adressen 158

Vorwort

Eine Idee macht sich auf den Weg ...

Die Lernwerkstattidee fasziniert mich als Fortbildnerin und Praxisberaterin für Kitas schon seit langem. Nahrung fand sie in der Auseinandersetzung mit verschiedenen pädagogischen Ansätzen der Kita-Arbeit, im Besonderen mit der Reggio-Pädagogik, der Freinet-Pädagogik und mit Konzepten offener Arbeit. Während meiner beruflichen Tätigkeit bekam ich die Möglichkeit, eine „lebendige" Lernwerkstatt in der Kita Bünningstedt in der Nähe von Hamburg anzusehen. Ich traf dort auf einen Raum, in dem mindestens 15 oder mehr Kinder völlig konzentriert und interessiert „an Irgendetwas" arbeiteten. Ich staunte über die ruhige, emsige Arbeitsatmosphäre und vermutete zunächst, dass kurz vor meinem Erscheinen wohl ein Erwachsener die Kinder zur Ruhe gemahnt habe. Diese Arbeitsatmosphäre hielt aber während der gesamten Stunde an, in der ich dort hospitierte. Und sie begegnete mir in ähnlicher Form später vielfach in nun neu eingerichteten Lernwerkstatträumen. Ich wollte wissen, was die Kinder so fasziniert, fesselt, sie in den Bann zieht, dass sie sich – offenbar völlig freiwillig – eine geraume Zeit an ihren Arbeitsplätzen aufhielten und dort etwas taten. In vielen Besuchen und Gesprächen kam ich dem „Geheimnis" dieser Lernwerkstatt immer mehr auf die Spur. Faszination und Begeisterung gab es von meiner Seite über das, was ich beobachtete, aber auch innerlichen Widerspruch gegen Lernmaterialien, die ich dort vorfand. Einiges passte wunderbar in meine Vorstellungen von selbstbestimmtem Lernen – anderes wieder gar nicht.

Arbeitskästen gab es dort, die erinnerten mich an die Vorschulpädagogikmaterialien der 70er Jahre. Eine Forscherwerkstatt in jeder Kita ist wünschenswert, für alle Kinder, aber welchen Sinn machen vorgefertigte Arbeitsmaterialien, wie sie dort vorzufinden waren? Beim eigenen Ausprobieren der Materialien entdeckte ich jedoch ihren Reiz. Die strukturierte, vorbereitete Umgebung des Lernwerkstattraumes animierte auch mich Erwachsene, alles in Augenschein zu nehmen, auszuprobieren und Freude machte sich breit, wenn ich etwas herausgefunden hatte. Bei meinen Hospitationen war das deutliche Interesse der Kinder an dem, was ihnen dort geboten wurde, so offensichtlich, so faszinierend ... In dieser Form war es mir selten in anderen Kitas begegnet, die ich in den vergangenen Jahren besuchte. Ich fragte mich: Woran mag das liegen? Haben wir Pädagogen vielleicht ein Bedürfnis von Kindern in den letzten Jahren der Kindertagesstättenarbeit zu wenig berücksichtigt? Hier konnten Kinder allein, ohne Störung von außen „selbstvergessen" mit strukturierten Materialien arbeiten.

Meine Beobachtungen haben den starken Wunsch geweckt, mich intensiv gemeinsam mit anderen über diese Fragen auseinander zu setzen. Diese Gelegenheit bot sich mir. Ich wurde als Fortbildungsdozentin angefragt und begab mich mit 18 Pädagoginnen aus Kitas der AWO-Schleswig-Holstein auf einen spannenden Lernweg. Wir arbeiteten an der Frage: Wie können wir als Kita unseren Beitrag zur Bildung der uns anvertrauten Kinder noch verbessern? Kann eine Kita-Lernwerkstatt hierzu ein Mosaikstein sein? Und wenn ja, wie muss oder soll eine Lernwerkstatt dann gestaltet sein? Wie kann ihr Ablauf funktionieren? Im September 2002 begannen wir unsere Arbeit.

Die Motivation der Einzelnen, sich mit der Frage der konkreten Einrichtung einer Lernwerkstatt in der eigenen Kita zu befassen, war ganz unterschiedlich:

Vorwort

- Ich möchte eine anregende Lernumgebung für die Kinder schaffen.
- Die Lernwerkstattidee gefällt mir, weil Kinder dort selbstbestimmt und selbstorganisiert lernen und unterschiedliche Materialien ausprobieren können.
- Wir können mit einer Lernwerkstatt ein intensives, ruhiges Lernklima schaffen.
- So können wir Bildungsprozesse der Kinder unterstützen.
- Eine Lernwerkstatt kann *eine* Form sein, den Bildungsauftrag der Kitas in die Praxis umzusetzen.
- Kinder und ihre Bedürfnisse werden ernst genommen.
- Ich erhoffe mir über die Arbeit am Thema „Lernwerkstatt" neue Impulse für meine Arbeit, Ideen und Anregungen, möchte neue Arbeitsformen und Methoden kennen lernen.
- Ich möchte mein eigenes Wissen erweitern in einem Prozess mit Gleichgesinnten!

Ich danke allen beteiligten Kitas und ihren Mitarbeitern und Mitarbeiterinnen dafür, dass ich an diesem spannenden Lern- und Entwicklungsprozess teilhaben durfte. Es war immer Bereitschaft da, Erarbeitetes mit anderen zu teilen, und Wissen und Ideen weiterzugeben. Ich habe selbst viel lernen und profitieren können. Viele Fragen sind beantwortet worden – einige noch nicht.

Mein Dank geht an Marion Tielemann, die Leiterin der Kita Bünningstedt, die uns an ihrer Lernwerkstattkonzeption teilhaben ließ.

Mein besonderer Dank geht an die Fachberaterin der AWO-Schleswig-Holstein, Beate Müller-Czerwonka. Ohne ihr Interesse und ihr Engagement, für die organisatorischen und finanziellen Rahmenbedingungen zu sorgen, wäre dieser Prozess nicht möglich gewesen. Ihr Interesse an der Weiterentwicklung konzeptioneller Bildungsarbeit in Kitas hat allen Unterstützung gegeben und Veränderungsprozesse in Kitas bewirkt. Ich freue mich auf weitere produktive und effektive Lernwerkstattdiskussionen und -hospitationen.

Inzwischen gibt es – resultierend aus einem nun fast zweijährigen Lern-, Diskussions- und Umsetzungsprozess, zehn sehr unterschiedliche Lernwerkstätten in Kitas der AWO-Schleswig-Holstein – und es werden immer mehr. Es hat sich als sehr lohnender Prozess erwiesen, sich mit diesem Thema zu beschäftigen. Die starke Nachfrage nach Hospitationsmöglichkeiten in den Lernwerkstätten durch andere Kita-Pädagogen und -Pädagoginnen, die davon gehört haben, zeigt, dass hier an etwas gearbeitet wird, was offensichtlich Antworten auf einige Fragen zur Gestaltung von Bildungsarbeit in der Kita geben kann. Dieses Buch will Anregung zur Auseinandersetzung mit o.g. Fragen sein und „Futter" zur Gestaltung von Lernwerkstätten geben.

Hamburg, April 2004 Christel van Dieken

1 Brauchen wir Lernwerkstätten?

Kitas als Lernwerkstätten oder eine Lernwerkstatt in der Kita?

Die Beschäftigung mit dem Begriff der Werkstattarbeit ist hochaktuell, wenn sie im Zusammenhang mit der Frage diskutiert wird: Wie müssen institutionalisiertes Lernen und damit Kindergarten und Schule gestaltet sein, damit sie Kinder auf ihr zukünftiges Leben vorbereiten? Nach der Auswertung der Ergebnisse der PISA-Studie sind die Forderungen nach dringend notwendigen Veränderungen an den Lehrplänen und der Didaktik der Schulen wieder lauter geworden. Erstmals in dieser Stärke geht der Appell, dem gesetzlichen Auftrag nach Bildung der Kinder nachzukommen, nun auch an die Betreuungsinstitution vor der Schule – den Kindergarten. Die einzelnen Bundesländer beginnen, Bildungspläne für die Kitas zu entwerfen und Kita-Praktiker/innen reflektieren, verändern und ergänzen ihr Bildungsangebot für die Kinder im Alter von 0–6 Jahren, die sie betreuen.

Die DELPHI-Befragung (1996–1998), die Befragung des Deutschen Jugendinstituts von Donata Elschenbroich zum „Weltwissen der Siebenjährigen" (1996–1999, München) (Elschenbroich 2002), das Forschungsprojekt „Zum Bildungsauftrag für Kitas" (1997–2000), durchgeführt vom Institut Infans in Brandenburg, geleitet von Hans-Joachim Laewen (Laewen/Andres 2002a) haben sich mit der Frage nach den Schlüsselqualifikationen befasst, die unsere Kinder zur Gestaltung ihrer Zukunft benötigen werden. Nach ihren Ergebnissen geht es nicht vorrangig darum, mehr oder anderes Wissen als bisher bei unseren Kindern in möglichst frühen Lebensjahren anzuhäufen. Kinder brauchen die Fähigkeit, Problemstellungen zu finden, Fragen zu formulieren, Wege der Bearbeitung und Lösung von Fragen/Problemen zu finden. Dabei müssen Kinder individuelle Lernwege gehen dürfen. Ausgangspunkt für die Planung von Bildungsangeboten sollte die Lernmotivation der Kinder sein. Freinet – der französische Pädagoge und Sozialpolitiker – hat hier vom „Hunger der Kinder nach Aktivität und Leben" gesprochen, dem es Nahrung zu geben gilt. Hier müssen sich Schule, aber auch der Kindergarten kritisch hinterfragen, ob sie diesem Anspruch gerecht werden, ob sie genügend „Lern-Futter" zur Verfügung stellen, wann sie individuelle Lernprozesse fördern und wann sie im bloßen Belehren stecken bleiben.

Fragt man Erwachsene nach ihren eigenen Lernerfahrungen in der Kindheit, werden folgende Begriffe (oft auch in dieser Reihenfolge) assoziiert: Schule – sitzen – zuhören – Leistungsdruck – Benotung – anstrengend – Gott sei Dank vorbei. So könnte sich – zynisch formuliert – in Kurzfassung die Beschreibung der Lerngeschichte vieler Erwachsener anhören. Solcherlei Lernprozesse möchte man seinen (den eigenen oder den zu betreuenden Kindern) sehr gerne ersparen. Die Zeitschrift Geo Wissen hat in ihrem Sonderheft zum Thema Bildung (2003) bekannte Persönlichkeiten danach befragt, wo, mit wem und wann sie ihre wichtigsten Lernerfahrungen gemacht haben. Einheitlich wird hier berichtet, dass diese in der Kindheit und Jugend fast ausschließlich außerhalb der Schule stattgefunden haben. Das bestätigt auch Jürgen Reichen, Lehrer und Fortbildner am Institut für Lehrerfortbildung in Hamburg. Befragt nach seinen eigenen Schulerfahrungen, antwortete er auf einer Fachtagung in Berlin mit dem Titel: „Die ganze Welt begreifen – wie lernen Kinder?" (1997):

„Wenn ich mir überlege, wie und wo ich dasjenige gelernt habe, was in meinem Leben das Wichtigste ist, das Entscheidende – dann muss ich feststellen, das habe ich nicht in der Schule gelernt, sondern vor, nach und außerhalb der Schule. Ich habe in der Schule eine Menge gelernt damals. Ich wusste über das Monsunregensystem in Südindien Bescheid und diesen Satz des Pythagoras konnte ich auch mal beweisen und ich hatte mal was über Friedrich II. gewusst und und und ... und ich habe alles vergessen. Komischerweise spielt das auch später überhaupt keine Rolle. Alles, was du in der Schule gelernt hast, kannst du wieder vergessen. Ich frage mich dann natürlich, warum habe ich das eigentlich gelernt, wenn man es sowieso wieder vergessen kann?" (Reichen 1997, S. 15f.)

Der Satz: „Nicht für die Schule, für's Leben lernen wir", scheint immer noch frommer Wunsch nostalgischer unverbesserlicher Pädagogen zu sein.

Lernerfahrungen im Kindergarten werden bei der Frage nach Kindheitserinnerungen bezogen aufs Lernen fast nie benannt. Das mag einmal daran liegen, dass Erinnerungen an frühe Kindheitserfahrungen oftmals verschüttet sind. Ebenso liegt es jedoch auch daran, dass der Kindergarten bis heute wenig in Verbindung gebracht wird mit kindlichen Lernprozessen. In einer Fortbildung, die ich zum Thema „Kita als Ort der Bildung" durchführte, wies ich die Erzieher/innen darauf hin, doch zunächst einmal genauer zu analysieren, welche Lernprozesse in Alltags- und Spielsituationen der Kinder in der Kita stattfinden, ohne dass ein Erwachsener belehrend auftreten müsse. Meine These war, dass hier vielfältige Lernprozesse seitens der Kinder stattfinden. Eine Erzieherin kommentierte diese Überlegungen folgendermaßen: „Bei uns müssen die Kinder nicht immer nur lernen, bei uns dürfen sie auch spielen." Wenn also heute gefordert wird, Bildungsprozesse im Kindergarten zu beobachten, zu begleiten, zu unterstützen und zu initiieren, besteht schnell die Gefahr, auf eigene (oft negative) Schulerfahrungen zurückzugreifen, und sich deshalb nur ungern mit der Frage der Gestaltung frühkindlicher Bildungs- und Lernprozesse auseinander setzen zu wollen.

Kritik am Schulsystem, Veränderungsutopien und -visionen für den Lernort Schule existieren schon lange. *Eine* Überlegung zur Reformierung des Schulsystems war die Idee der Einrichtung von Lernwerkstätten (siehe Kapitel 2.2). Bereits die Reformpädagogen forderten die Einführung von Werkstattarbeit in Schulen, im Sinne von ganzheitlichem Lernen mit allen Sinnen und mit Sinn. Auch heute – 100 Jahre nach Beginn der reformpädagogischen Bewegung – ist der Gedanke wieder/immer noch ein brandaktuelles Thema für alle Lernstätten (Kita, Schule, Ausbildungsbetriebe, berufsbildende Schulen, Universitäten), da er bislang nur an wenigen Orten in die Praxis umgesetzt worden ist. Hauptsächlich in den Grundschulen, die offenen Unterricht, Projektarbeit und ähnliche Methoden praktizieren, ist aktiv am Lernwerkstattgedanken und seiner praktischen Umsetzung gearbeitet worden.

Dieses Buch beschreibt die Werkstattarbeit in Kitas. Die Schule benenne ich hier deshalb so ausführlich, da bei der Frage nach sinnvollen Lern- und Bildungsangeboten für Kinder in der Kita die Erwachsenen sich in der Regel auf die – wie oben beschrieben – oftmals negativen Schulerfahrungen beziehen. So besteht die Gefahr, Konzepte schulischen Lernens, die sich schon lange, und wie PISA belegt, als unwirksam erwiesen haben, unhinterfragt auf die Kita zu übertragen, da keine anderen zur Verfügung stehen oder unbekannt sind.

In den Kitas ist in den letzten Jahren in den Prozessen von Qualitätsentwicklung und den Überlegungen zur Erarbeitung von Standards für Bildungspraxis schon intensiv an der Frage gearbeitet worden, wie Bildungsprozesse in der Kita initiiert, unterstützt und begleitet werden können. Hier hat sich vielerorts Kita-Pädagogik intensiv weiterentwickelt und kann eine Bildungspraxis vorweisen, die sie Eltern und Öffentlichkeit selbstbewusst präsentieren kann. Wir werden uns auch weiterhin intensiv Gedanken machen müssen über Bildungsangebote in der Kita, die keine Kopien schulischer Konzepte sind. Die neueren wissenschaftlichen Forschungen über Hirnentwicklung und Lernprozesse belegen immer wieder die besondere Bedeutung der ersten Lebensjahre für die kindliche Lern-Entwicklung (vgl. Hüther 2003). Aus diesem Grunde sehe ich die Auseinandersetzung von Kitas mit dem Gedanken der Werkstattarbeit als *eine* Chance, als erste institutionalisierte Lernstätte im Leben des Kindes – vielleicht noch verstärkter als bisher – das Lernpotenzial der Kinder zu nutzen, ihnen positive Lernerfahrungen wie Spaß und Freude am Lernen zu ermöglichen, und sie somit gut vorzubereiten für zukünftige Lernanforderungen (der Schule und des Lebens).

Inwieweit hier eine Kita-Lernwerkstatt *einen* Beitrag leisten kann, will dieses Buch aufzeigen. Ich werde der Frage nachgehen, wie Werkstattarbeit im Kindergarten praktisch aussehen kann. Dabei ist zu überlegen, ob es sinnvoll ist, einen konkreten Raum der Kita als speziellen Lernort zu gestalten, der dann den Namen Lernwerkstatt bekommt. Braucht das Lernen einen „Extraraum"? Oder ist es sinnvoll, die ganze Kita, jeden Spielbereich nach Werkstattprinzipien zu gestalten? Mit dieser Vorgehensweise würde man deutlich machen, dass in allen kindlichen Spielthemen und -formen wie Bewegung, Rollenspiel, kreativem Arbeiten, Musik und Tanz etc. Lernen stattfindet. Unsere Aufgabe als begleitende Pädagogen wäre es dann, Kindern Zeit, Material und Ideen zur Verfügung zu stellen. Dafür braucht es dann „Raum" im übertragenen Sinne bei den Pädagogen, nicht zwangsläufig jedoch einen realen Raum. Machen Sie sich zunächst mit mir auf den Weg in eine Werkstatt.

2 Wie ist die Werkstattidee entstanden?

2.1 Werkstattarbeit oder: Wie kommt das Lernen in die Werkstatt?

In einer Werkstatt wird etwas hergestellt oder repariert. Dort arbeiten Handwerker wie Bäcker, Tischler, Goldschmied, Buchbinder usw. Den Begriff *Werkstatt* mit dem Begriff *Lernen* zu einem Wort zu verbinden, mutet zunächst seltsam an. Wird in der Lernwerkstatt etwas hergestellt oder repariert, wie in einer „richtigen" Werkstatt? Das passt aber nicht zur Tätigkeit des Lernens, denn dort werden keine Produkte hergestellt oder repariert – oder doch?

Ich will im Folgenden geschichtlich verfolgen, wann und warum der Begriff „Werkstatt" inhaltlich mit dem Begriff Lernen in Verbindung gebracht wurde.

Der Begriff Werkstatt bezeichnet einen realen Ort, einen Arbeitsraum der Handwerker, an dem sichtbar und nachvollziehbar alle Güter des täglichen Bedarfs hergestellt werden. Hier kann die Entstehung eines Produktes von Anfang bis Ende sichtbar und sinnlich nachvollzogen werden. Parallel zu der Bezeichnung des realen Arbeitsortes als Werkstatt entwickelt sich schon im Mittelalter ein Bild von Werkstatt, als ein

> „... Ort, an dem sich die Träume von gelungener Arbeit symbolisch verdichten – und dort, in dieser imaginären Werkstatt, finden sich auch Modelle gelungener und glücklicher Erziehung." (Bilstein 1997, S. 46)

Zu dieser Zeit spricht Comenius (Theologe und Pädagoge, 1592–1670) von der Werkstatt „Schule". Schule ist für ihn ein Ort, an dem wie in den Werkstätten die „jungen Gemüter" bearbeitet und geformt werden, und für diese Werkstattarbeit müssen die Schulmeister Meister ihres Faches sein. Gleichzeitig wird hier Grundlegendes über die Kunstfertigkeiten der verschiedenen Handwerke, wie Imkerei, Bäckerei, Metzgerei etc., vermittelt. Der Begriff Werkstattarbeit wird zu dieser Zeit also bereits in Verbindung mit Pädagogik gebracht, wobei hier die Aspekte der Bearbeitung und der Kunstfertigkeit, des Arbeitens mit Kopf und Hand betont werden:

„Die Werkstatt Schule gehört so zur Werkstatt der Menschenwelt ‚viva officina hominum', sie ist ein Ort sinnvoller Mühen und der Arbeit an der Zukunft ..." (Bilstein 1997, S. 47)

Die Werkstatt erscheint nach Bilstein (1997) als Zwischenwelt zwischen den Vorstellungen vom Paradies – dem süßen Nichtstun – und der Hölle – der entmenschlichten Arbeit (z. B. in den Fabriken). So bedeutet die Arbeit in der Werkstatt Arbeit an einer Stätte,

„... an der man durchaus zufrieden und befriedigt leben kann, ohne dabei aber das süße Nichtstun des Paradieses zu genießen; an der stattdessen gearbeitet und geschwitzt wird – aber in der berechtigten Hoffnung auf sinnvolle Ergebnisse." (Ebd., S. 46)

Dies findet in den industriellen Produktionsstätten nicht statt. Dort wird der Arbeitsprozess nun in einzelne, voneinander getrennt durchgeführte kleinschrittige Produktionsphasen zerstückelt, in denen der Einzelne entfremdet ist vom Produkt, das am Ende dieses Prozesses entsteht. Zu dieser Zeit wird die

Werkstatt zu einer Metapher für sinnvolles, nicht entfremdetes Tun, und es mischt sich Nostalgie in den Gebrauch des Begriffes „Werkstattarbeit": Da klingt Wehmut und Sehnsucht nach früheren, heileren Zeiten mit, gleichzeitig die Vision einer (besseren) Zukunft. In einer Werkstatt wird Zukünftiges vorausgedacht, entworfen und experimentell erprobt. So wird diese Form der Arbeit wichtig für alle, die über eine Verbesserung der Zukunft nachdenken. Die Werkstatt

> *„... wird zum Symbol für solide den Menschen förderliche und unerschrocken in Angriff genommene Erneuerung: für verbessernde Arbeit. Ein solches Symbol ist heute attraktiv für all diejenigen, die an der Weiterentwicklung des menschlichen Miteinanders, an der Verbesserung der menschlichen Dinge arbeiten – gerade auch für die über Erziehung Nachdenkenden und Redenden."* (Bilstein 1997, S. 51)

Hier bekommt der Begriff seine Bedeutung auch für die Pädagogen. Sie müssen sich – schon immer – mit der Frage beschäftigen, wie Lebens- und Lernsituationen gestaltet sein müssen, die ein menschliches Miteinander ermöglichen. Wie muss Lernen, und damit Kita und Schule, gestaltet sein, damit es Kinder auf ihr zukünftiges Leben vorbereitet?

Aspekte von Werkstattarbeit sind:
- Sinnvolles Tun – Sinnvolle Mühen – Sinnvolle Ergebnisse
- Einen Werkstoff bearbeiten
- Arbeiten mit dem Kopf, mit dem Herzen und den Händen
- Kunstfertigkeit entwickeln
- Lernen mit allen Sinnen
- Experimentieren
- Die Gesamtheit eines Arbeitsprozesses erleben: Ideen entwickeln, planen, entwerfen, Ideen umsetzen und präsentieren

- Über Arbeits- und Lernwege mitbestimmen
- Zukünftiges Vorausdenken

2.2 Geschichte der pädagogischen Werkstattarbeit

Die deutschen Reformpädagogen Peter Petersen (1884–1952) und Berthold Otto (1859–1933) nahmen den Begriff der „Werkstattarbeit" mit den oben genannten inhaltlichen Aspekten in ihr Reformkonzept auf. Sie vertraten die Überzeugung, schulisches Lernen müsse in diesem Sinne verändert werden. Im Jena-Plan (1924–1927), dem Schulplan der Jenaer Universitätsschule, wurde die Förderung der Gruppenpädagogik gefordert. Die Kritik der Reformpädagogen richtete sich gegen einen Schulunterricht, der zu dieser Zeit frontal stattfand. Der Lehrer war der Wissende, die Schüler die Unwissenden, denen vielfältiger Lernstoff beigebracht werden sollte. Dieser Lernstoff war zergliedert in verschiedene Schulfächer, die in zerstückelten Zeitabschnitten (in der Regel 45 Minuten) verabreicht wurden. Disziplin, Gehorsam und Autoritätshörigkeit wurden den Schülern zu dieser Zeit abverlangt. Diese Form des Unterrichts produzierte Schüler, die gelernt hatten, Wissen aufzunehmen und wiederzugeben. Was sie wenig gelernt hatten, war Lernzusammenhänge zu verstehen und auftretende Probleme eigenständig zu lösen.

Daran hat sich bis heute wenig verändert. Heute erscheint Schule als „Ort von Mühen" (s. o.), als „sinnvoll" wird Unterricht jedoch von allen Beteiligten selten erlebt.

John Dewey (1859–1952), amerikanischer Philosoph und Pädagoge, war aktiv beteiligt an Überlegungen zur Veränderung des schulischen Lernens. Er postulierte die Abschaffung des 45-Minuten-Rhythmus des Unterrichts und die Abschaffung des klassischen Fächerkanons. Er forderte, Schülern die

Möglichkeit zu geben, Zusammenhangswissen durch fächerübergreifenden Unterricht zu erwerben. Dabei sollte dann nicht das Ergebnis des Lernprozesses das Wichtigste sein, sondern er verstand den Problemlösungsprozess als zentrales Moment des Lernens.

Mit zunehmender gesellschaftlicher Veränderung in den siebziger und achtziger Jahren des letzten Jahrhunderts wurde eigenverantwortliches, selbstständiges Arbeiten, Kreativität und Teamfähigkeit immer wichtiger. Hier gewann das „nostalgische" Element, das der Werkstattarbeit zugeschrieben wurde, für die Pädagogik wieder an Bedeutung. Es ging nun darum, sinn-volle Lernprozesse zu initiieren, an der Lernmotivation, bei den Fragen der Schüler mit der Gestaltung des Unterrichts anzusetzen, und Lernsituationen so zu gestalten, dass Problemlösungskompetenzen erworben werden konnten. Aus diesen Überlegungen entstanden Forderungen nach Öffnung des Unterrichts und Durchführung von Projekten in der Schule. Fächerübergreifendes Lernen an einem Thema, über einen längeren Zeitraum, mit allen Sinnen, wurde erprobt. In der Entwicklung eines Gesamtschulkonzeptes wurden u. a. die Überlegungen zum ganzheitlichen Lernen aufgegriffen. Die Studentenunruhen der 68er Jahre haben an diesen Veränderungen wesentlichen Anteil.

Im New Yorker Workshop-Center, einem Zentrum für „entdeckendes Lernen", wurde schon in den 70er Jahren die Wichtigkeit einer „reichen Lernumgebung" beschrieben: reich an verschiedensten Arbeitsmaterialien, die zum Sammeln, Sortieren, Erforschen, Ausprobieren und Experimentieren einladen. Bei der Methode des entdeckenden Lernens geht es vor allem darum, für den jeweils individuellen Lernweg Fragestellungen zu finden, die dann in jeweils individuellen Lösungswegen zur Beantwortung bearbeitet werden können. Betont wird vor allem die Bedeutung der Frage im Lernprozess, entgegen der vorherrschenden Position, dass eine (dann möglichst auch objektiv richtige) Antwort das wichtigste Ergebnis eines Lernprozesses sei. Der Workshop-Charakter dieser Arbeit äußert sich darin, dass nicht nur mit dem Kopf, also theoretisch, gearbeitet wird, sondern eigenes Tun, eigene Erfahrung mit dem zu bearbeitenden Thema und Wissen die Grundlage für Erkenntnisprozesse bilden (vgl. Albert 2000).

Die aus den Studentenunruhen der 68er Jahre resultierenden gesellschaftsverändernden Diskussionen und Aktionen, die Ideen der Reformpädagogen und Erfahrungen aus dem New Yorker Workshop-Center beeinflussten die Gründung der ersten Lernwerkstatt 1981 in der Bundesrepublik Deutschland. In den Hochschulen und Schulen wurde zu dieser Zeit erstmals über offenen Unterricht und Projektarbeit nachgedacht und experimentiert.

„Als 1981 die erste Lernwerkstatt Deutschlands an der TU in Berlin gegründet wurde, ging diese Initiative von Pädagogikstudenten und -studentinnen aus. Sie waren auf den Widerspruch gestoßen, dass sie zwar viel über „offenen Unterricht", Projektarbeit mit Kindern, handlungsorientiertes und entdeckendes Lernen während ihres Studiums hörten, aber diese Lernformen an sich selbst aktiv nie erfahren konnten." (Albert 2000, S. 19)

Die erste bundesrepublikanische Lernwerkstatt war also an einer Hochschule angesiedelt und hier ging es darum, dass zunächst die Erwachsenen sich selbst durch eigenes Tun mit den Prinzipien von Werkstattarbeit vertraut machen wollten. Andere Lernwerkstätten an Hochschulen folgten. Resultierend aus den positiven Erfahrungen mit dieser Form erwachsenenspezifischer Weiterbildung, wurden Lernwerkstätten an Schulen, zunächst hauptsächlich an Grundschulen, gegründet.

Lernwerkstätten verstanden sich hier als Freiräume für neue Lernerfahrungen – der Begriff „learning by doing" fand Einzug in die Beschreibung sinnvoller Lernprozesse. Hieraus wiederum wurden neue Formen der Lehreraus-, -fort- und -weiterbildung entwickelt, die diese Erfahrungen berücksichtigten. So wurden Lernwerkstätten zu Orten, an denen das Lernen gelernt werden sollte. Dieser Grundgedanke liegt auch der Kita-Lernwerkstatt zugrunde.

Auch im außerschulischen, betrieblichen Lernen setzte man sich mit Überlegungen zur Werkstattarbeit auseinander. Neue Lernformen hielten Einzug in der Industrie. Institutionalisiertes Lernen in Betrieben fand vermehrt in Lernstätten statt:

„In einem Betrieb kommen Arbeitnehmer während ihrer Arbeitszeit in regelmäßigen Abständen zusammen, um an einem bestimmten Lernort nach einer bestimmten Methode ausgewählte Themen oder Probleme zu bearbeiten. Die Bearbeitung von Themen oder Problemen geschieht in der Weise, dass jedes Gruppenmitglied seine spezifischen Fähigkeiten und Fertigkeiten unter lernpsychologischen Gesichtspunkten einbringen, schulen und entwickeln kann." (Pallasch/Reimers 1990, S. 35)

Ebenso wurde in öffentlichen Institutionen und in der Bürgerinitiativbewegung über neue Lernformen nachgedacht. Hier war insbesondere der Aspekt der Teilhabe und Mitbestimmung ein wichtiger. Der Zukunftsforscher Robert Jungk entwickelte eine spezielle Methode, die er „Zukunftswerkstatt" nannte. Mit dieser Methode können unterschiedliche Menschengruppen daran arbeiten, ihre Zukunft aktiv zu gestalten. Hier wird an der Zukunft gewerkt: Tätigkeiten dabei sind: denken – planen – ausprobieren – ent- und verwerfen – basteln – zeichnen – schreiben – diskutieren – gestalten – fühlen – spüren – riechen etc. Ziel dieser Arbeit ist die soziale Neuerung und soziale Erfindung unter größtmöglicher Beteiligung aller (Pallasch/Reimers 1990, S. 64).

Und nicht zuletzt hat sich auch die freie Wirtschaft Erfahrungen aus den geistes- und sozialwissenschaftlichen Fakultäten der Universitäten mit neuen, Erfolg versprechenden Lernformen zunutze gemacht. Auch hier wird vermehrt nicht mehr an arbeitsplatzfernen Seminarorten Neues entwickelt, sondern das Prinzip „learning on the job" – Lernen in der realen Arbeitssituation – gewinnt immer mehr an Bedeutung.

„Gemeinsam haben alle drei Werkstattformen – Lernstätten, Zukunftswerkstätten und Lernwerkstätten –, dass sie jeweils aus einer gewissen Gegenbewegung heraus entstanden sind: Die Lernstätten sind als Gegenentwurf zur traditionellen betrieblichen Fort- und Weiterbildung zu verstehen.
Die Zukunftswerkstätten sind als Gegenentwurf zur traditionellen Form der Lösung sozialpolitischer Probleme zu verstehen.
Die Lernwerkstätten sind als Gegenentwurf zu traditionellen Formen des Lehrerns und Lernens in den Schulen und in der Lehrerfortbildung zu verstehen." (Pallasch/Reimers 1990, S. 22)

Was hat das alles mit dem Kindergarten zu tun? Die Einrichtung von Kita-Lernwerkstätten steht in der oben beschriebenen pädagogischen Tradition. Die Lernwerkstatt im Kindergarten ist ein Gegenentwurf zur Übernahme von Konzepten schulischen Lernens, kann jedoch gleichzeitig auch als Vorbereitung auf die Schule verstanden werden. Sie ist eine logische und konsequente Weiterentwicklung pädagogischer Reformen in der Kita, die die Förderung und Begleitung kindlicher Bildungsprozesse fordern.

2.3 Pädagogische Grundlagen der Kita-Lernwerkstätten

Die Grundgedanken verschiedener pädagogischer Ansätze prägen die Ideen der Kita-Lernwerkstatt – und auch die Praxis der hier vorgestellten Lernwerkstätten. Der Situationsansatz ist eine wichtige Säule, Ideen von Maria Montessori beeinflussen die Überlegungen zur Gestaltung der Lernmaterialien; die von ihr geforderte Haltung der Erzieher/innen bildet die Grundlage der Haltung der Erzieher/innen in der Lernwerkstatt. Freinet mit seinen Ideen zur Gestaltung von Werkstattarbeit und Rebeca und Mauricio Wild mit ihrem Postulat der „nicht-direktiven Erziehung" bilden ebenfalls wichtige Säulen. Die Reggio-Pädagogik wird mit ihrem Bild vom Kind als Forscher, Entdecker, Erfinder und der Betonung der Bedeutung der durchdachten Gestaltung der Kitaräume ebenfalls in der hier beschriebenen Lernwerkstatt „mitgedacht" und fließt in die praktische Arbeit ein. *Welche* pädagogischen Ideen *wie* ganz konkret die Lernwerkstatt prägen, soll im Folgenden skizziert werden.

Der Situationsansatz
Der *Situationsansatz* wurde in den 70er Jahren entwickelt. Kindergarten bedeutete damals in der Regel Betreuung von Kindern am Vormittag. Der Schwerpunkt der Arbeit in den Kindergärten lag zu dieser Zeit in der Förderung kognitiver und motorischer (fein- und grobmotorischer) Fähigkeiten der Kinder und der Vermittlung von „Sprach- und Musikkultur" wie Liedern, Abzählreimen, Märchen usw. Bis dato fanden Lernsituationen der Kinder oft am Tisch sitzend und abgehoben von den realen Situationen selbst statt. So wurde z. B. „Verkehrserziehung" mit Legekarten, die auf dem Tisch ausgelegt und erklärt werden mussten, gestaltet. Der Situationsansatz forderte nun, das *Lernen in den Situationen selbst* stattfinden zu lassen. Lebenssitua-

tionen, Fragen, Entdeckungen und Beobachtungen der Kinder sollten zum Ausgangspunkt für zu bearbeitende Themen gemacht werden.

Die Lernwerkstattidee greift die Überlegung des Situationsansatzes auf, Lebenssituationen der Kinder zum Ausgangspunkt des Lernens zu machen, indem sie z. B. Lernmaterialien entwickelt, die die aktuelle Bearbeitung von Themen der Kinder unterstützen. Ein Beispiel: die Kinder beschäftigen sich mit dem Schulweg und in der Matheecke der Lernwerkstatt finden sich unterschiedliche Materialien zur Weg- und Zeitmessung. Der Situationsansatz betont die Bedeutung des „Lernens in Sinnzusammenhängen" (Zimmer 1998, S. 66), d. h., dass kindliche Lernprozesse nicht als Funktionstraining bestimmter Fähigkeiten oder Fertigkeiten verstanden wird, sondern Kinder die Möglichkeit brauchen, ausgehend von ihrer Lebenssituation an ihren Fragen arbeiten zu können. Diese Forderung greift die Lernwerkstattidee auf, ebenso wie die Forderung des Situationsansatzes danach, Kindern die Möglichkeit zu individuellen Lernschritten zu ermöglichen. In der Lernwerkstatt lernen nicht alle Kinder am gleichen Thema zum gleichen Zeitpunkt. Die Lernstationen ermöglichen individuelle Lernwege.

Der Gestaltung der Räume wird im Situationsansatz eine wichtige Rolle zugeschrieben: Kita soll als „Forscherraum" (Zimmer 1998, S. 66) gestaltet sein. „In Räumen spielt sich Unterschiedliches gleichzeitig ab" (Ebd., S. 67). Die Räume sollen Material enthalten, das die Kinder zur Selbsttätigkeit herausfordert. Diese Forderung nach durchdachter, anregender Raumgestaltung, ist in der Kita-Lernwerkstatt umgesetzt. Der Pädagogin wird im Situationsansatz die Rolle zugeschrieben, *sowohl Lehrende als auch Lernende* zu sein. Das beschreibt ihre Rolle in der Lernwerkstatt sehr treffend, denn hier muss sie sowohl Angebote gestalten als auch durch Beobachten der Kinder Fragen entdecken, Themen erkennen, mit denen sich die Kinder beschäftigen, und überlegen, wie sie diesen in der Lernwerkstatt Raum geben kann.

Maria Montessori
Sabine Redecker

Eine der führenden Reformpädagoginnen des letzten Jahrhunderts war die Italienerin Maria Montessori (1870–1952). Als Medizinerin und Pädagogin war sie ihrer Zeit weit voraus. Viele ihrer Beobachtungen, wie Kinder lernen, finden sich heute anhand von wissenschaftlichen Untersuchungen bestätigt.

Die Lernwerkstattidee bezieht Inspiration aus der Beschäftigung mit ihren Gedanken. Folgende ihrer Überlegungen sind wichtig für die Arbeit in der Lernwerkstatt:
- Hilf mir, es selbst zu tun
- Die Polarisation der Aufmerksamkeit
- Die Bedeutung der vorbereiteten Umgebung
- Die erzieherische Haltung
- Der Arbeitsbegriff bei Montessori
- Die sensiblen Phasen

Montessori erkannte das Kind „als Baumeister des Menschen" und sah in jedem Kind das Potenzial zu reifen, zu lernen und zu wachsen. Sie maß der Eigenverantwortung eine hohe Bedeutung bei und prägte den Satz „Hilf mir, es selbst zu tun" (zit. nach Berg 2002, S. 38). Sie sah den Pädagogen als Entwicklungsbegleiter des Kindes und prägte den Begriff „der vorbereiteten Umgebung", in der Kinder selbstständig, ohne ständig auf die Hilfe eines Erwachsenen angewiesen zu sein, arbeiten dürfen.

„Vorbereitete Umgebung" meint, dass Kinder die Materialien zuverlässig stets am selben Ort in immer der gleichen Anordnung und Sortierung wiederfinden. Das bietet ihnen Orientierung und Sicherheit. Gleichzeitig bedeutet die „vorbereitete Umgebung" auch, dass die Materialien und der Raum nach einem sinnvollen Ordnungsprinzip gestaltet und zugeordnet sind. Diese äußere Struktur soll dazu verhelfen, dass Kinder beim Aufbau ihrer inneren Struktur unterstützt werden. Zur Strukturgebung verhilft weiter, dass alle Materialien jeweils auf einem Tablett (begrenzter Rahmen) präsentiert werden. Diese können von den Kindern aus den Regalen an ihren Arbeitsplatz mitgenommen werden. Am Ende der Arbeit werden die Tabletts mit den – dann wie zu Beginn sortierten – Materialien wieder zurück ins Regal gestellt, sodass das nächste Kind den gleichen Aufforderungscharakter des Materials genießen kann, wie das zuvor mit dem Material arbeitende. Die „vorbereitete Umgebung" ist also eine Ordnung, die hilft, selbstständig zu werden:

- Materialien in Sicht- und Reichweite provozieren Wünsche der Kinder,
- die Beschränkung des Materials gibt Anlass zu vielen Sozialkontakten,
- die vorbereitete Umgebung prägt das Verhalten des Kindes und des Erwachsenen.

Montessori entwickelte spezielle Lernmaterialien, die an Aktualität bis heute nichts eingebüßt haben. Diese sind alle nach dem *Prinzip der Fehlerselbstkontrolle* aufgebaut. Wenn das Kind mit einem Material arbeitet und sich mit der ihm innewohnenden Logik befasst, benötigt es keinen Erwachsenen, der ihm bestätigt, ob die gefundene Lösung richtig oder falsch ist. Der Aufbau und die Zusammenstellung des Materials selbst lässt dies erkennen. Z. B. sind in einem Mathematerial nur so viele Glasnuggets vorzufinden, wie zur vollständigen Lösung der Aufgabe notwendig sind.

Die eigenständige Fehlerkontrolle macht das Kind unabhängig vom Erwachsenen und bewirkt, dass das Kind ruhig und konzentriert bei der Sache sein kann. Seine Aufmerksamkeit ist nicht „mit halbem Auge" auf den Erwachsenen gerichtet, mit der Frage: „Mache ich das auch richtig?" oder „Hat sie auch gesehen, was ich hier gemacht/geschafft habe? Lobt er meine Nachbarin, aber mich nicht?" Es ist kein Lob oder Tadel seitens der Pädagog(inn)en erforderlich, da das Kind seine Befriedigung aus der Beschäftigung mit dem Material selbst erfährt und Freude spüren kann, wenn es eine Aufgabe gelöst und/oder zu Ende gebracht hat.

Bei der Beobachtung der Kinder, mit denen Montessori arbeitete, stellte sie fest, dass sich bei Interesse der Kinder an der Beschäftigung mit einem Arbeitsmaterial Aufmerksamkeit, begleitet von hoher Konzentration, einstellte. Diesen Zustand bezeichnet Montessori als *„Polarisation der Aufmerksamkeit"*. Hier muss kein Erwachsener zur Arbeit motivieren, sondern das Eigeninteresse des Kindes am Herausfinden-Wollen und sich Entwickeln-Wollen bildet die Grundlage für Lernprozesse. Montessori spricht auch ganz bewusst davon, dass das Kind „arbeitet", um die Ernsthaftigkeit und Bedeutung der Lernprozesse des Kindes zu unterstreichen.

Sie achtete den Wissensdurst der Kinder und stellte fest, dass es *„sensible Phasen"* für bestimmte Lernprozesse gibt, d. h. Phasen, in denen bestimmte Lernprozesse besonders leicht vom Kind vollzogen werden können. Zu einem späteren Zeitpunkt in der Entwicklung des Kindes würde derselbe Lernprozess ggf. dem Kind wesentlich größere Anstrengung abverlangen (vgl. Onken 2003). Die Idee der Lernwerkstatt baut auf diesen wesentlichen Aussagen aus der Montessori-Pädagogik auf.

Freinet-Pädagogik

Grundgedanken der *Freinet-Pädagogik* bilden ebenso wichtige Säulen der Lernwerkstattarbeit. Freinet (1896–1966) war Pädagoge und Sozialpolitiker und hat wesentlich zur Reform der Schule in Richtung Öffnung des Unterrichts beigetragen. Er forderte:

Pädagogische Grundlagen der ——————————————— 33

- Abschaffung des Stundenrhythmus
- Abschaffung des Frontalunterrichts
- Veränderung der Räumlichkeiten der Klasse (Milieu)
- Keine Verwendung von „fertigen" Schulbüchern und Lehrmaterialien
- Umkehr der Rolle des Lehrers – nicht Wissensvorsprung ist entscheidend, sondern Organisationstalent gefragt

Von Freinet stammen die Begriffe „entdeckendes Lernen" und „Lernen mit Kopf, Herz und Hand". Dabei ging es ihm darum, dass Kinder mit allen Sinnen und selbstbestimmt lernen können:

„Wenn Kinder lesen, schreiben, rechnen, forschen etc. ebenso wie sprechen und laufen an Aufgaben, die ihrem Leben entspringen ... üben können, dann lernen sie aus eigenem Antrieb heraus und einem eigenen Rhythmus folgend, freiwillig und voll Hunger nach Leben und Aktivität." (Freinet, zit. nach Klein/Vogt 1998, S. 23f.)

Freinet spricht beim „entdeckenden Lernen" von „tastenden Versuchen" der Kinder, Lösungen und Antworten zu finden. Diese beiden Lernhaltungen können erst dann zur vollen Entfaltung kommen, „wenn Kinder z. B. nicht rechnen lernen, weil „man" rechnen lernen muss, sondern bei einer Tätigkeit erkennen können, dass ihnen das Rechnen nützlich sein könnte.

Ob bei der Fahrradreparatur oder beim Kuchenbacken: wenn sich den Kindern unmittelbar der alltagspraktische Sinn des Rechnens und Lesen erschließt, kann sich so der Wunsch entwickeln, Lesen und Rechnen können zu wollen.

Freinet benennt über das selbstbestimmte Lernen hinaus, den wichtigen Aspekt der intrinsischen (von innen heraus) Lernmotivation, die dann vorzufinden ist, wenn Lernen nicht abgehoben um des Lernens willen, sondern aus den Lebenssituationen und Fragen der Kinder heraus geschieht. Fünf Prinzipien des Lernens sind ihm wichtig, die auch eine wichtige Grundlage des Lernwerkstattlernens sein sollten:

Freiheit – Verantwortung – Sinn – Bezug zum Leben und das Lob des Fehlers.

Freinet plädierte dafür, in den Schulen statt der üblichen tristen Klassenräume Werkstätten, die er „Arbeitsateliers" nannte, einzurichten:

„Im und außerhalb des Klassenraums wurden Arbeitsateliers für folgende Arbeiten eingerichtet: Feldarbeit und Tierpflege, Schmiede und Schreinerei, Spinnen, Weben, Schneidern, Kochen, Hauswirtschaft, Konstruktion, Mechanik, Handel, Nachschlagekiste, Arbeitsbücherei, Experimentieren, Drucken, Korrespondenz, Künstlerisches Schaffen usw. In ihnen arbeiten die Kinder an selbstgestellten Aufgaben, ihrem persönlichen Rhythmus folgend. Sie können in diesen Ateliers experimentieren, vielfältige Versuche machen, etwas herstellen und sich selbst erproben." (Klein/Vogt 1998, S. 14)

Angelehnt an diese Arbeitsateliers findet man in der Kita-Lernwerkstatt einzelne Arbeitsbereiche wie Matheecke, Lese- und Schreibecke etc. vor.

Rebeca und Mauricio Wild
Rebeca und Mauricio Wild haben 1977 den „Pesta" – ein in der Welt wohl einzigartiges Kindergarten- und Schulprojekt in Ecuador – ins Leben gerufen: *„Erziehung zum Sein durch nichtdirektive Erziehung"*, so bezeichnen sie selbst ihre Erziehungsphilosophie. Dieser Gedanke der Nicht-Direktivität wird in diesem Kindergarten- und Schulmodell sehr konsequent gelebt und findet u. a. besonderen Ausdruck in den Überlegungen,

wie eine Lernumgebung gestaltet sein muss, die Reifungsprozesse der Kinder unterstützt (vgl. Wild 2001, S. 91–104). Die theoretische Vorannahme, auf die sie sich in ihrem pädagogischen Konzept beziehen, sind Erkenntnisse von Jean Piaget (1896–1920), dass jedes Kind mit einem aktiven inneren System ausgestattet ist, das Antrieb zum Lernen ist.

Erwachsene übernehmen im Prozess des Lernens der Kinder dann die Rolle der Lernbegleiter. Diese Grundgedanken sind auch Grundgedanken der Lernwerkstattphilosophie.

Reggio-Pädagogik
Loris Malaguzzi (1920–1994), der Begründer der reggianischen Kindergärten, prägte den Satz: *„Kinder haben 100 Sprachen – 99 davon nehmen wir ihnen im Laufe ihrer Entwicklung"*. Sein Credo war es, dass Pädagogen alles dafür tun müssen, dass alle „Sprachen" der Kinder leben können: Tanz, Musik, Bewegung, Malen und Gestalten mit Material, Bauen und Konstruieren usw. Daraus lässt sich schlussfolgern, dass die gesamte Kita als Werkstatt zu verstehen ist, in der „mit Sinn", mit Kopf, Herz und Hand gespielt und gelernt wird. Dazu benennt auch er die Notwendigkeit einer anregenden Lernumgebung, die für die kindliche Entwicklung von so enormer Bedeutung ist. Er spricht vom „Raum als drittem Erzieher".

Die reggianischen Pädagogen holten sich „Fachleute" für verschiedene „Sprachen" in ihre Kitas. Mit der Einrichtung von Kinderateliers haben sie die Sprache der Kunst in die Kitas geholt. In diesen Ateliers haben Kinder die Möglichkeit, ihrem Eindruck von der Welt Ausdruck zu verleihen. In den Kitas und ihren Ateliers lebt das Prinzip entdeckenden Lernens:

„Kinder sind, ebenso wie Dichter, Musiker und Naturwissenschaftler – eifrige Forscher und Gestalter. Sie besitzen die Kunst des Forschens und sind sehr empfänglich für den Genuss, den

das Erstaunen bereitet. Unsere Aufgabe besteht darin, den Kindern bei ihrer Auseinandersetzung mit der Welt zu helfen, wobei all ihre Fähigkeiten, Kräfte und Ausdrucksweisen eingesetzt werden." (Rettig-Nicola 1992, S. 69)

Das Kind wird als Akteur seiner Entwicklung gesehen. Das Vorgehen der pädagogischen Fachkräfte bestimmt Maria Montessoris Grundsatz: Hilf mir, es selbst zu tun; ihre Funktion ist die eines „Zeugen":

„Für dieses Vorgehen (das Forschen und Entdecken der Kinder) ist ein erwachsener Zeuge notwendig, ein Erwachsener, der mitspielt, der Interessen und Erstaunen zeigt und den Wunsch hat, sich Fragen zu stellen und sich wie die Kinder in einen Detektiv und Forscher zu verwandeln." (Rettich-Nieda 1992, S. 81)

Die Reggianer lieben den Zweifel. Sie interessiert nicht, was die Kinder wissen, sondern wie sie zu Wissen gelangen. Wenn wir im kindlichen Spiel das beobachten und erkennen können, werden wir Hypothesen der Kinder entdecken. Unsere nächste Frage muss dann sein: Was können wir tun, damit Kinder ihre Hypothesen überprüfen können? So wird treffend die notwendige Haltung der Pädagog(inn)en in einer Lernwerkstatt beschrieben.

3 Was ist eine Kita-Lernwerkstatt?

3.1 Eine Definition

Die Lernwerkstatt und die *eine* Definition von Lernwerkstatt kann es nicht geben, da je nach konzeptioneller Grundlage einer Kita auch jede Lernwerkstatt anders konzipiert sein kann. Die Grundgedanken – wie oben im Kapitel 2.3 beschrieben – von Maria Montessori, dem Situationsansatz, Freinet, der Reggio-Pädagogik und Rebecca und Mauricio Wild sollten in die Lernwerkstattarbeit einfließen. Entscheidend für die Arbeit ist:
- die vorbereitete Umgebung
- strukturierte Arbeitsmaterialien
- die freie Wahl der Arbeitsmaterialien
- die nicht-direktive erzieherische Haltung

Die Arbeit nach Lernwerkstattprinzipien ist zunächst einmal nicht an einen konkreten Raum gebunden, d. h. man könnte auch die gesamte Kita als Lernwerkstatt bezeichnen (vgl. von der Beek et al. 2001) Es hat sich jedoch als hilfreich für die Arbeit mit den Kindern erwiesen, wenn eine Kita einen gesonderten Raum für die Lernwerkstatt zur Verfügung stellen kann, weil dort z. B. das Prinzip des ungestörten Arbeitens wesentlich leichter umgesetzt werden kann als in der Gesamtkita. Ergänzend zum Gesamtkonzept sollten in der Lernwerkstatt einzelne Lernbereiche gestaltet sein, wie Lese- und Schreibecke, Matheecke, naturwissenschaftliche Ecke usw. Sowohl strukturierte, d. h. von ihrer Funktion her relativ weit vorgegebene Materialien, als auch eher „offene" Materialien sollten angeboten werden (siehe Kapitel 5). Die Arbeitsmaterialien sind so gestaltet, dass die Kinder aufgrund von Fotos und graphisch gestalteten Symbolen oder Informationen erkennen können, was sie damit tun können.

Die Kinder nutzen diesen Raum nach festgelegten Regeln zu einer bestimmten Zeit. Nach einer anfänglichen gemeinsamen Besprechungsrunde mit den Kindern, können sie sich frei entscheiden, in welchen Lernbereich/Lernstation sie gehen und welche Materialien sie für ihre Arbeit wählen wollen. Die Arbeitsmaterialien geben keinen vorgeschriebenen Lernweg zu ihrer Bearbeitung vor. Wenn die Logik des Materials „begriffen" wurde, erlaubt die „Fehlerselbstkontrolle", die die meisten Materialien beinhalten, ein selbstständiges Überprüfen durch die Kinder, ob die Aufgabe richtig gelöst worden ist. Das kann z. B. dann der Fall sein, wenn am Ende einer Tätigkeit das gesamte Material in einem Arbeitskasten verbraucht ist. Während der Arbeit der Kinder mit den Materialien hat die Erzieherin/der Erzieher die Aufgabe, die Kinder zu beobachten, mögliche Fragen und Lösungswege zu registrieren, um daraus ggf. neue Materialien entwickeln zu können oder bereits vorhandene zu ergänzen. Gleichzeitig bietet diese Beobachtung auch Gelegenheit, Entwicklungsstand und -verlauf eines Kindes festzuhalten. Daraus können dann gezielte, individuell auf einzelne Kinder zugeschnittene Bildungsangebote in der Kita entwickelt werden.

Am Ort Lernwerkstatt werden nicht kindliche Spielprozesse gefördert, im Sinne zweckfreier, selbst organisierter Tätigkeit der Kinder, die die Kinder dort sofort vor Ort in die Tat und ihr Spiel umsetzen können. Die Lernwerkstatt fördert analytische Denkprozesse der Kinder und reduziert die Komplexität bestimmter Themenbereiche, wie zum Beispiel Mathematik, Sprache, Musik darauf, dass die Kinder Gesetzmäßigkeiten und Ordnungsstrukturen erkennen können. Die Arbeit mit den Arbeitsmaterialien bedeutet für die Kinder, auf ein Ziel hin zu lernen. Am Ende einer Beschäftigung mit einem Arbeitsmaterial kann die Erkenntnis liegen: „Jetzt kann ich das. Jetzt beherrsche ich das." Hans-Joachim Laewen spricht in diesem Sinne vom „Lernen als dem abrechenbaren Teil von Bildung" (Laewen 1997, S. 13).

Diese Reduktion oder Beschränkung kindlicher Tätigkeit in einer Lernwerkstatt macht nur dann Sinn, wenn das Gesamtkonzept der Kita diese Lernprozesse wieder ganzheitlich einbinden kann. Hier muss es eine gegenseitige Bereicherung und Befruchtung der Arbeit geben. Zur Verdeutlichung will ich hier ein Beispiel nennen. In der Lernwerkstatt gibt es eine Schreibecke. Dort finden die Kinder unterschiedliches, sehr sinnliches und sinnvolles Schreibmaterial und verschiedenste Schreibutensilien. Die Arbeitskästen regen zu graphomotorischen Schwungübungen und zum ersten Schreiben von Buchstaben an. In dieser Lernecke können die Kinder aufgrund der Ausstattung und der Regeln der Lernwerkstatt kein Rollenspiel entwickeln, in dem zum Beispiel Briefe schreiben eine wichtige Rolle spielt. Es werden dort auch keine Geburtstagseinladungen oder Einkaufszettel geschrieben. Diese Form des Spiels kann in den Kita-Räumen stattfinden.

Um eine Verknüpfung der Lernwerkstattangebote mit den Angeboten der Gesamtkita zu unterstützen, können Materialien, die in der Lernwerkstatt angeboten werden, auch in den Spielbereichen der Kita zur Verfügung gestellt werden. Es können beispielsweise in der Matheecke Arbeitsmaterialien zum Thema „messen" angeboten werden, in der Kita finden wir im Rollenspielbereich ein umfangreiches Angebot an unterschiedlichen „Messgeräten", wie Maßband aus Textilien oder aus Metall, Lineal, Zollstock usw., die die Kinder in ihrem Rollenspiel verwenden können. So eine Materialausstattung besitzt Wiedererkennungswert für die Kinder. Die gleichen Materialien können in unterschiedlichen Spiel-/Lernzusammenhängen zu unterschiedlichen Zwecken genutzt werden.

Ob das Angebot in den Lernbereichen sinnvoll ist und dem Entwicklungsstand und den Bedürfnissen der Kinder entspricht, kann man in Freispielsituationen in der Kita beobachten. Dort könnte es sich z. B. ergeben, dass zwei Kinder sich Liebesbriefe „in echt" schreiben und ansatzweise auch schreiben können, aufgrund der Übungen, die sie in der Lernwerkstatt gemacht haben. Oder es werden Einkaufszettel fürs Kochen in der Kita und Geburtstagseinladungen für die Freunde formuliert. Bei dieser Tätigkeit können die Erzieher/innen möglicherweise beobachten, dass die Kinder selbst Symbole zum Schreiben entwickeln, die sie in ihren Briefen verwenden, die aber keine Buchstaben sind. Z. B. könnte das gemalte Bild einer Geburtstagstorte heißen: „Ich lade dich zum Geburtstag ein". Solcherlei Beobachtungen könnte dann wiederum Eingang finden in die Gestaltung von Arbeitskästen und Materialien der Schreibecke. Die Kinder könnten mit einem Arbeitskasten animiert werden, sich weitere Symbole selbst auszudenken. So können sich Gesamtkita und Lernwerkstatt gegenseitig „befruchten" und sind dann unterschiedliche Orte, an denen unterschiedlich gelernt wird.

Die *eine* Definition von Lernwerkstatt kann es nicht geben, aber grundsätzlich gilt, dass Lernwerkstätten Orte sind, an denen das Lernen gelernt werden kann. Kinder können dort:
- Fragen haben und an ihrer Beantwortung arbeiten,
- selbstbestimmt und ungestört arbeiten,
- mit „Kopf, Herz und Hand" lernen,
- eigene Lernwege gehen.

3.2 Organisatorischer Ablauf einer Lernwerkstatt

Häufigkeit und Dauer der Lernwerkstattzeit

Die Dauer und Häufigkeit der Nutzung der Lernwerkstatt durch die Kinder sollte abhängig gemacht werden vom Wunsch und vom Interesse der Kinder an der Arbeit dort.

Es ist nicht sinnvoll, die Arbeit mit den Materialien in der Lernwerkstatt auf eine bestimmte Zeit (z. B. den 45-Minutenrhythmus der Schule) zu begrenzen. Diese Zeitspanne ist sehr kurz – vielfach viel zu kurz, um sich vertieft mit einer Sache zu beschäftigen. Jedes Kind sollte entsprechend seinem individuellen Tempo in der Lernwerkstatt arbeiten können.

Anfang, Ablauf und Ende einer Lernwerkstatt-Stunde
Sabine Redecker

Der organisatorische Ablauf einer Lernwerkstatt hängt ebenfalls unmittelbar mit dem gesamten organisatorischen Ablauf der Kindertagesstätte zusammen. Die Zeit, die Kinder in der Lernwerkstatt verbringen, sollte möglichst durch ein Ritual begonnen werden. So erleben die Kinder den Unterschied der Lernwerkstattangebote zu den Angeboten der anderen Lern- und Spielbereiche im Haus.

Im Gegensatz zu den üblichen Kita-Räumen ist die Lernwerkstatt ein Bereich, in dem eine ruhige Atmosphäre Bedingung für das Arbeiten der Kinder ist. In welcher Form dies zu Beginn und am Ende der Lernwerkstattzeit vermittelt wird, kann individuell verschieden sein.

Bei festen Lernwerkstattstunden mit den gleichen Kindern bietet sich am Anfang eine Begrüßungsrunde an. Die anfängliche Zeit kann genutzt werden, um z. B. Befindlichkeiten oder neue Ideen der Kinder zu besprechen, ein neues Thema vorzustellen, Regeln festzulegen oder die einzelnen Angebote der Lernwerkstattecken vorzustellen. Weiterhin können in dieser Zeit Lieder gesungen, Gedichte erfunden und Geschichten erzählt werden, die etwas mit den Themen der Lernwerkstatt zu tun haben können. Mithilfe eines Mediums, z. B. einer Handpuppe, lässt sich besonders gut alles Wichtige ansprechen und durchspielen, da die Kinder in der Regel schnell einen positiven Bezug zu ihr entwickeln und sich freuen, wenn sie die Runde beginnt.

Es hat sich in der Praxis erwiesen, dass solche Anfangsrunden besonders intensiv verlaufen können, wenn dort Kindergruppen mit Kindern, die einen ähnlichen Entwicklungsstand haben, zusammengefasst sind. So kann man speziell nach ihrem Verständnisniveau Gesprächsanlässe wählen und über eine entspre-

chende Gestaltung so einer Anfangsrunde entscheiden. Die Angebote müssen dann wesentlich weniger unterschiedliche Entwicklungsbedürfnisse und -stände von Kindern der unterschiedlichsten Altersstufen berücksichtigen.

Ablauf einer Lernwerkstattstunde

Nach der Anfangsrunde können sich die Kinder frei für einen Lernbereich und ein Lernmaterial entscheiden. Alle Materialien werden im Sinne der vorbereiteten Umgebung an immer dem gleichen Ort aufbewahrt und präsentiert. Die Kinder können den Ort der Materialien beim Aufräumen daran erkennen, dass er am Regal durch ein Symbol gekennzeichnet ist, auf dem das Material abgebildet ist. Diese Kennzeichnung kann gut von den Kindern hergestellt werden. So können sie dann später die Information dieser Kennzeichnungen besonders gut „lesen". Wenn möglich sollten Materialien auf einem Tablett aufbewahrt und präsentiert werden, damit die Kinder so die Gesamtheit und gleichzeitig die Begrenzung eines Materials erkennen können. Mit dem gewählten Material gehen die Kinder zu einem Arbeitsplatz im jeweiligen Lernbereich der Lernwerkstatt. Das kann ein Tisch oder auch der Fußboden (möglichst ausgelegt mit Teppich) sein. Wenn sie ihre Arbeit beendet haben, räumen sie die Materialien wieder zusammen und stellen sie an ihren Platz im Regal zurück.

Kurz vor dem Schluss der Lernwerkstattzeit hilft es, den Kindern das Ende und das damit verbundene Aufräumen wieder mit einem Ritual bekannt zu geben, wie z. B. dem Läuten eines Klangspieles oder dem Löschen einer Kerze. So können sich die Kinder langsam darauf einstellen, ihre Arbeit zu beenden. Die Erfahrung zeigt, dass manches Kind dieses Signal überhaupt nicht beachtet, im Gegensatz zu blitzartigen Fluchtreaktionen von Kindern aus dem Klassenraum auf das Klingelzeichen nach einer Schulstunde. Einige Kinder sind so versunken in ihre Arbeit, dass sie gar nicht registrieren, dass um sie herum schon aufgeräumt wird. Wenn sie das bemerken, bitten sie teilweise darum, noch etwas länger in der Lernwerkstatt bleiben zu dürfen.

Die Lernstationen
Der Raum einer Lernwerkstatt sollte in verschiedene kleinere Funktionsbereiche gegliedert sein, in denen so genannte „Lernstationen" eingerichtet werden. Dort sind entweder Tische und Stühle, je nach Arbeitsgebiet Einer-, Zweier oder Vierertische vorhanden. Im Lernbereich für dreidimensionales Arbeiten bietet sich ein Teppich für die Arbeit auf dem Fußboden an. Hier sollte ein Spiegel angebracht sein, der räumliches Sehen fördert und in der dreidimensionalen Arbeit Unterstützung geben kann.

In den einzelnen Lernbereichen sind dann jeweils die Materialien zu finden, die thematisch zum Inhalt des Funktionsbereichs passen.

Das Arbeitsmaterial
Marion Tielemann

Das Material präsentiert klar umgrenzte Aufgaben und ist flexibel und variabel. Es ist so übersichtlich, dass es den Kindern eine klare Ordnung und Struktur vermittelt. Es ermöglicht eine Binnendifferenzierung, die auf der eigenen Entscheidung der Kinder beruht und keinen organisatorischen Zusatzaufwand erfordert. Den Kindern wird ein hohes Maß an Eigenständigkeit und Selbstverantwortung zugemutet.

Auf einige wichtige Merkmale des Materials möchte ich besonders eingehen:
- Jedes Material ist so ausgerichtet, dass unterschiedlichste Lösungsmöglichkeiten – von einfach bis schwer – erarbeitet werden können.

- Das Material hat eine aufbauende Wirkung.
- Das Material ist grundsätzlich durch seine vielfältige Anwendung für das Kind in der Arbeit ermutigend.
- Das Material ist didaktisch ausgerichtet. Die Struktur des Materials bleibt, die „Verpackung" kann durch das Kind oder die Pädagog(inn)en immer wieder neu gestaltet werden.
- Das Material passt sich der Entwicklung des Kindes an.
- Sie bietet der pädagogischen Frachkraft, aus der Situation des Kindes heraus, vielfältige Veränderungen und Weiterentwicklungen des Materials an, ohne die Struktur des Materials dadurch zu verändern.
- Das Material ist unter Einbeziehung der sensorischen Entwicklung von Kindern entwickelt worden.

Das Prinzip der grafisch dargestellten Arbeitsanleitung, die die Kinder ohne verbale Erklärungen oder Demonstrationen von Erwachsenen verstehen können, die klare Abgrenzung der Aufgabe durch Anordnung aller benötigten Elemente und Materialien in einem handlichen, stabilen Kasten, die Befestigung der Anleitung auf dem Deckel, gleichzeitig als Information für die Kinder, aber auch als „Verführung", zuzugreifen, neugierig zu machen und damit zu arbeiten, ist in allen Stationen der Lernwerkstatt verwirklicht.

Von der Struktur her gleiche Übungen erscheinen in immer wieder neuen Formen und Kontexten. Der Präsentation der Aufgaben in den Kästen liegt die Erkenntnis zugrunde, dass für Vorschulkinder die Sinne ein ganz wichtiger Lernkanal sind: Die glitzernden Steine, die Muscheln oder funkelnden Glaskugeln laden zum Anfassen, Handhaben und Ordnen geradezu ein. Fünf- bis siebenjährige Kinder haben ein großes Bedürfnis, die Welt, wie sie sie erleben, in Begriffen zu ordnen und sie für sich auf diese Weise fassbar und verstehbar zu machen. Jedes Aufgabenblatt auf dem Deckel eines Kastens erzählt eine kleine

Geschichte, die an den Erfahrungen der Kinder anknüpft: Da müssen glatte Steine aus einem Sandstrand gesammelt und gezählt oder bunte Kugeln auf einem gemalten Christbaum befestigt werden. Die Aufgaben, d. h. die Inhalte der Kästen, werden zum Teil je nach Jahreszeit ausgetauscht und sind deswegen für die Kinder immer wieder neu: sie wiederholen und festigen, ohne dass langweilige Routine eintritt. Da jeder Materialkasten Aufgaben unterschiedlichen Niveaus enthält, hat das Kind die Entscheidungsfreiheit, Schritte, die es schon beherrscht – immer wieder einzeln Abzählen zum Beispiel –, einfach auszulassen und sich gleich dem Gebrauch der Symbole zuzuwenden. Das Abstrahieren lässt sich hier als sehr konkreter, allmählicher Prozess beobachten, der den Kindern Freude macht, weil sie ihn selbst steuern können

„Offene" Arbeitsmaterialien

Neben dem oben beschriebenen Arbeitsmaterial können in allen Bereichen auch Materialien (vielleicht jeweils zwei bis drei) zur Verfügung gestellt werden, die kein vorgedachtes Ergebnis implizieren. Im Mathebereich bietet es sich an, Materialien, die die Kinder emotional ansprechen (z. B. Spielzeugautos, sehr kleine Gummipüppchen, weiche Wollpompons, Knöpfe, Schrauben o. Ä.) jeweils als einzelnes Material in transparenten Kästen anzubieten. Entscheidend für die Nutzung als „Mathematerial" ist eine große Menge vom jeweiligen Material. Kinder beginnen mit diesen Materialien in der Regel sofort zu sortieren, zuzuordnen, Mengen und Reihungen zu bilden. Da die meisten Kinder anfangen nach Farben zu sortieren, ist es wichtig, auch einfarbige Materialien zur Verfügung zu stellen. Kinder erkennen durch diese Tätigkeit Muster in den Materialien, sie entdecken Verbindungen und ziehen Schlüsse. Schon beim Sortieren müssen die Kinder die Form oder die Größe vergleichen, sie verwenden dabei Begriffe wie „größer", „kleiner", „mehr", „we-

niger", "wenige", "viele", "am meisten", "gleich viel", "leichter" und "schwerer" (vgl. Hoenisch/Niggemeyer 2003). In der Schreibecke können das Materialien sein wie Buchstaben in unterschiedlichen Größen und aus verschiedenen Materialien, Stempel, ein Angebot verschiedenster Stifte und Schreibutensilien, unterschiedliches Schreibpapier, ein Druckerkasten usw.

Arbeitsprinzipien in der Lernwerkstatt

Das wichtigste Arbeitsprinzip ist, dass die Kinder sich selbst die Arbeitsmaterialien und die entsprechenden Lernbereiche wählen, mit denen bzw. in denen sie gerne arbeiten möchten. Es gibt keine Anweisung, auch keinen Vorschlag seitens der Erzieherin, was welches Kind tun sollte. Hier ist vollständige Zurückhaltung der Erwachsenen gefordert, denn sonst könnten die Kinder ggf. nicht entsprechend ihres Entwicklungs- und Erkenntnisstandes arbeiten. Das unterscheidet Lernprozesse in der Lernwerkstatt von schulischen Lernprozessen. In der Lernwerkstatt ist keine Steuerung oder Einmischung seitens der Pädagog(inn)en erwünscht – lediglich eine beratende Funktion ist gefragt. Marion Tielemann, Leiterin der Kita Bünningstedt, hat die Erfahrung gemacht, dass Freude am Lernen sich nicht von außen diktieren lässt:

> *"Die Kinder wollen lernen und sie freuen sich über ihre Leistungen und Erfolge. Wir beobachten in der Lernwerkstatt immer wieder, wie sie sich lange und intensiv auf ihre selbstgesetzten Aufgaben konzentrieren. Diese Selbstdisziplin und Konzentration ist jedoch nicht durch äußeren Druck herstellbar. Die eigenständige Entscheidung des Kindes für seine Aufgabe ist dafür die Voraussetzung."* (Tielemann 1999)

In der Lesewerkstatt hat jedes Kind das Recht, alleine – ohne jegliche Störung von außen – zu arbeiten. Es kann, bei ausdrücklich formuliertem Wunsch, natürlich auch zu zweit oder mit mehreren Kindern gearbeitet werden. Jedoch ist hier zunächst einmal ein Ort des ungestörten „Mit-sich-Seins".

Die Kinder versuchen, die Logik des Materials bzw. die Aufforderung zum Tun, die dem Material innewohnt, zu verstehen. Sie arbeiten selbstständig und können verschiedene Lösungswege erproben. Dabei gibt es kein „falsch", es gibt nur ein „richtig"; d. h. die Kinder werden darin bestärkt, dass alle Wege, die sie in der Auseinandersetzung mit dem Material wählen, gut und richtig sind. Ein weiteres wichtiges Prinzip ist die Möglichkeit des Wiederholens einzelner Arbeiten. Die Kinder können sich so oft sie mögen und solange sie Interesse und Ausdauer haben, immer wieder mit ein und demselben Material beschäftigen. Durch die Wiederholung können Lerninhalte vertieft werden und die Kinder entscheiden eigenständig, welchen „Lernstoff" sie zu der entsprechenden Zeit gerade benötigen. So wird die Selbstständigkeit der Kinder durch Selbsttätigkeit gefördert.

Auf jede Hilfe, die ein Kind anfordert, sollte ein Angebot erfolgen, das Hilfe zur Selbsthilfe bietet. Wenn ein Kind z. B. fragt, was es mit einem bestimmten Material machen soll oder wie es funktioniert, helfen oftmals Fragen weiter, die Kinder eine eigene Lernspur finden lassen. Die Antwort könnte z. B. lauten: „Wie verstehst du das Bild auf dem Material?" oder „Was könntest du denn mit dem Material tun?" So signalisieren wir den Kindern, dass wir ihre Bemühungen wahrnehmen, ihnen jedoch keine Antworten, die sie möglicherweise selbst finden können, vorwegnehmen wollen. So werden Kinder nicht alleine gelassen, sollen aber darin unterstützt werden, eigene Fragen, Lernwege und Antworten zu finden.

Das Arbeitsmaterial wird nur in diesem Raum und in dieser Stunde genutzt. Es soll nicht „zweckentfremdet" werden, so sollen z. B. die Gefäße und Behälter aus dem Lernbereich „Übungen des täglichen Lebens" nicht in den Rollenspielbereich mitgenommen werden, um dort in der Puppenwohnung als Haushaltsmaterialien verwendet zu werden. Oder die Muscheln aus den Mathekästen sollen nicht zum Wiegen mit der Waage benutzt werden. Dieser Umgang mit dem Material bietet den Kindern eine Struktur, einen festen Rahmen, innerhalb des Rahmens haben sie jedoch alle Freiheiten zum Ausprobieren.

Ziel in der Lernwerkstatt ist es, dass die Kinder eine begonnene Arbeit beenden. Sie sollen sich der Leistungsanforderung, die das Material bietet, stellen. Wenn Kinder nur nach Ansicht eines Materials oder einem kurzen „Test" die Arbeit beenden wollen, übernimmt die Erzieherin/der Erzieher hier die Aufgabe, das „Gedächtnis der Kinder" zu sein. Damit ist gemeint, dass die erwachsene Person das Kind daran erinnert, dass es sich selbst vorgenommen hatte, an dieser Aufgabe zu arbeiten und deshalb beim Abbruch der Aufgabe fragt, ob das Kind etwas braucht, um diese Arbeit weiterzuführen. So kann es – wieder mit Begleitung und Unterstützung der Erwachsenen – Frustrationstoleranz erwerben und das befriedigende Gefühl erleben, wie es ist, wenn man eine selbst gestellte Aufgabe trotz zeitweiliger Schwierigkeiten geschafft hat. Ob für ein Kind die Arbeit beendet ist oder ob es aus Langeweile oder Frustration über das Nicht-Verstehen einer Aufgabe aufhört, können aufmerksam beobachtende Erzieher/innen sicherlich feststellen.

Nach Beendigung einer Arbeit kann ein Kind in einen anderen Lernbereich wechseln. Die Erfahrung hat gezeigt, dass Kinder in der Regel in einer Lernwerkstattstunde zwischen zwei und drei Aufgaben bearbeiten – manche arbeiten auch an „nur" einer Sache, andere wiederum verlangen nach mehr. Die Zeit in der Lernwerkstatt ist keine Freispielzeit. Von den Kindern wird erwartet, dass sie sich eine Aufgabe wählen und auch den Versuch machen, diese zu bearbeiten. Um die Arbeit und ihre Ergebnisse zu würdigen und wertzuschätzen, sollte man den Kindern einen besonderen Aufbewahrungsort dafür zur Verfügung stellen. Das kann eine Arbeitsmappe sein, in die etwas eingeheftet werden kann. Das kann eine Schublade sein, die speziell jeweils nur einem Kind gehört.

Am Ende der Stunde kann eine Schlussbesprechung stattfinden, in der die Kinder kurz reflektieren, wie es ihnen in dieser Zeit ergangen ist. Dabei können verschiedene Utensilien helfen, dass die Kinder ihre Gefühle ausdrücken können:

- Postkarten mit Abbildungen von verschiedenen Wetterlagen (Sonnenschein, Gewitter, Sturm, Nebel usw.)
- Unterschiedliche Spieltiere aus Gummi oder Holz
- Farbkarten mit unterschiedlichen Farben

Die Kinder können z. B. eine Karte wählen und sagen: „Ich habe die Gewitterkarte genommen, weil bei mir ein Gewitter war. Ich fand die Stunde ganz doof und habe mich geärgert." Wenn kein Symbol gewählt werden soll, hilft den Kindern ein Gegenstand (ein schöner Stein, ein Zauberstab, ein riesengroßer Knopf o. Ä.) Diesen kann man in der Runde weitergeben, sodass die Kinder wissen, dass sie an der Reihe sind zu sprechen, wenn der Gegenstand in ihre Hände wandert. Eine weitere Möglichkeit der Schlussreflexion ist es, dass die Kinder der Erzieherin/dem Erzieher etwas zum Abschluss über die Stunde erzählen, was in einem Lernwerkstattagebuch festgehalten wird. Es kann auch ein Wochenplan gemacht werden, auf dem die Kinder jeweils mit einem lachenden oder weinenden Smiley ihre Befindlichkeit und Bewertung der Stunde kennzeichnen. So lernen sie, Gefühle wie Freude, Ärger, Unsicherheit usw. wahrzunehmen, auszudrücken und in der Gruppe zu äußern. Damit die Kinder und bei Bedarf auch die Erzieher/innen sich später einen Überblick darüber verschaffen können, wie oft die Kinder in welchen Lernbereichen gearbeitet haben, kann man sie bitten, nach der Beendigung einer Arbeit ein Symbolkärtchen, das für jeden Lernbereich zur Verfügung steht, in einen Behälter zu werfen, auf dem dann jeweils ein Foto des Kindes abgebildet ist. Das kann ein Gefühl des Stolzes bewirken darüber, was das Kind alles geschafft hat.

Regeln für die Kinder
Damit diese Form der Arbeit funktionieren kann, müssen einige wenige Regeln formuliert werden. Für deren konsequente Einhaltung sollten die Erzieher/innen unbedingt sorgen. Folgende Regeln haben sich bewährt:
- Niemand stört einen anderen oder lacht über ihn
- Habe ich mich für eine Arbeit entschieden, bringe ich sie zu Ende
- Ich räume meinen Platz auf

Das Werkstattdiplom für Hortkinder
Eine Möglichkeit für die Arbeit mit Hortkindern in der Lernwerkstatt ist es, ihnen die Möglichkeit zu geben, ein Lernwerkstattdiplom machen zu können. Die Pädagogin Andrea Kößling, die die Lernwerkstatt des AWO-Kinderhaus Hasseerstraße in Kiel leitet, hat dieses Lernwerkstattdiplom entwickelt, erprobt und setzt es erfolgreich ein. In dieser Kita muss ein Kind für das Lernwerkstattdiplom Folgendes leisten:
- Fünf Übungen werden gezeigt und richtig angewendet; dabei muss die Darbietung konkret sein und das Kind muss mitteilen, wie es diese Übungen einem kleineren Kind erklären würde
- Das Kind kennt alle Lernwerkstattregeln und kann sie benennen

Wenn ein Hortkind dieses Diplom bestanden hat, ist ein Lernwerkstattbesuch ohne einen Erwachsenen möglich und das Kind kann einen „Lehrling" (ein anderes, ggf. auch jüngeres Kind) mitnehmen.

3.3 Gestaltung von Werkstatträumen

Räume und deren Gestaltung haben einen gewichtigen Einfluss auf den Verlauf und die Ergebnisse von Ereignissen, die in ihnen stattfinden. *„Wir können uns ... nicht nur Ereignisse gut merken, sondern vor allem auch die Orte, an denen sie stattgefunden haben"* (Friedrich/Bordihn 2003, S. 14). Räume, die anregend und ästhetisch gestaltet sind, sodass Kinder und Erwachsene sich in ihnen wohlfühlen und sich gern dort aufhalten, können dazu beitragen, dass Kinder sich später intensiv und gerne an ihre Lernerlebnisse in der Lernwerkstatt erinnern. Zum Wohlfühlen trägt erheblich die Gestaltung mit Licht und Farben bei

Gestaltung von Werkstatträumen ——————————— 53

(vgl. von der Beek et. al. 2002). Für den Erfolg der Lernprozesse ist es bei der Gestaltung der Räume besonders wichtig, dass kleinere Raumbereiche geschaffen werden, in denen die Kinder ungestört, einzeln oder auch zu mehreren, arbeiten können. Hierzu ist eine klare vertikale Raumgliederung mit unterschiedlichen Raumteilern erforderlich. Wichtig ist es dabei, darauf zu achten, dass die „Eingänge" in diese abgeteilten Raumbereiche so angelegt werden, dass für die Kinder in den Lernbereichen das Gefühl von Ungestörtheit entstehen kann. In dem so geschaffenen „Raum im Raum" werden die Lernmaterialien in offenen Regalen präsentiert. So regen sie die Neugier oder Vorfreude der Kinder auf die Benutzung des Materials an und präsentieren für alle sichtbar die vielfältigen Lernangebote. Ihr Standort wird mit Symbolen am Regal gekennzeichnet, sodass die Kinder jedes Material immer wieder am gleichen Ort wiederfinden können.

Empfehlung für die räumliche Gestaltung einer Lernwerkstatt

- Möglichst einen hellen Raum mit viel Tageslicht wählen
- Möglichst einen Raum mit Wasseranschluss wählen
- Einzelne Bereiche mit Teppichen (z. B. Tretford) auslegen
- Materialien in offenen Regalen anbieten
- Kennzeichnung der Standorte der Materialien auf den Regalen mit den Symbolen für die Arbeitsmaterialien, d. h. vorbereitete Umgebung schaffen
- Klare vertikale Trennung der Lernbereiche durch Raumteiler
- Die Kinder sollten die Möglichkeit haben, in verschiedenen Positionen zu arbeiten: sitzend am Tisch, im Stehen, in Bauchlage
- Einzelarbeitsplätze anbieten
- Verschiedene Lichtquellen, „Beleuchtungsinseln" entsprechend der Gestaltung der Ecken schaffen; d. h. es ist die Überlegung sinnvoll: welche Tätigkeit findet in diesem Raumbereich statt und welcher Beleuchtungskörper passt zu dieser Tätigkeit?
- Dekoration entsprechend des Lernbereichs (z. B. Fotos von einer Keramikwerkstatt im Tonbereich oder Fotos von einem Chemielabor in der naturwissenschaftlichen Ecke)
- Jahreszeiten sollten sich im Raum und in den Materialien wiederfinden
- Einen Versammlungsort für Besprechungsrunden schaffen
- Rückzugsmöglichkeiten schaffen; angenehme Atmosphäre durch Stoffe, Kerzen, Pflanzen, Duftstoffe, Springbrunnen etc.

3.4 Was spricht für die Einführung einer Lernwerkstatt? – Argumente im Überblick

Eine Lernwerkstatt funktioniert nur in Einbindung und als Ergänzung zum Gesamtkonzept

- Mit der Einbindung einer Lernwerkstatt in die Gesamtkonzeption einer Kindertageseinrichtung können Aspekte verschiedener pädagogischer Konzepte (wie Freinet-Pädagogik, Montessori-Pädagogik, Situationsansatz, Reggio-Pädagogik etc.) erneut auf ihre Wirksamkeit überprüft und dann in einem Lernwerkstattkonzept zusammengefügt werden.

Lernwerkstätten unterstützen kindliche Lernprozesse

- Lernwerkstätten greifen die Faszination der Kinder für bestimmte Themen, wie Interesse an Schrift, Mathematik, Lesen etc., auf
- Der Wissensdrang und Wissensdurst der Kinder wird befriedigt, ihm kann so entsprochen werden
- Kindliche, individuelle Lernwege werden geachtet
- Die sensiblen Phasen der „besonderen Aufnahme- und Lernfähigkeit" der Kinder werden so genutzt
- Die Lernwerkstatt nutzt die Erkenntnis, dass Kinder Strukturen entschlüsseln, eigene Lernwege finden und Gelerntes wiederholen wollen
- Durch das „Zur-Verfügung-Stellen" jeweils spezieller Entwicklungsmaterialien kann den einzelnen Altersstufen und damit dem besonderen Bedarf der 5–6-jährigen Kinder entsprochen werden
- In der Lernwerkstatt wird Basiswissen geschaffen und basale Fähigkeiten werden gefördert

- Lernwerkstätten mit ihren „Stationen" entsprechen den neuesten Erkenntnissen der Gehirn- und Wahrnehmungsforschung: Kinder lernen nicht linear, sondern wie ein Schmetterling, d. h. sie fliegen von Blüte zu Blüte und holen sich den (Lern-)Nektar, den sie brauchen. Die Lernwerkstatt mit der freien Wahl der Lernangebote, entspricht diesem Bild. Die Kinder können hier von Arbeit zu Arbeit wechseln und sich jeweils das holen, was sie brauchen
- Durch den Aufbau der Materialien können Kinder lernen, Strukturen zu erkennen und zu verinnerlichen
- Eine Lernwerkstatt schafft Raum für konzentriertes, kindliches Arbeiten durch die spezielle, vorbereitete Umgebung und die speziellen Materialien
- Die Entscheidungsfähigkeit der Kinder wird durch die freie Wahl von Arbeitsmöglichkeiten in strukturiertem Rahmen eingeübt
- Die Lernmaterialien sind nicht alle neu. Mancher älteren Kollegin werden einige Materialien aus „alten Vorschulpädagogikzeiten" erstaunlich bekannt vorkommen. Anders ist die Art, wie sie eingesetzt werden; d. h. das Prinzip der Förderung des selbstverantwortlichen Lernens bei größtmöglicher Zurückhaltung der Erwachsenen ist anders als zu diesen Zeiten. Ebenso das Prinzip der „Fehlerselbstkontrolle", das in den Materialien enthalten ist. So benötigen Kinder keine Erwachsenen, die ihnen sagen, ob ihr Lösungsweg richtig oder falsch ist. Die „Logik" der Materialien gibt ihnen eine Antwort auf diese Frage und macht sie somit unabhängig von der Bewertung der Erwachsenen

Lernwerkstätten unterstützen die Erfüllung des Bildungsauftrages in der Kindertageseinrichtung

- Die Schaffung von Lernwerkstätten in Kitas heute bedeutet eine Möglichkeit, alte Konzepte zu überprüfen und zu überdenken in Richtung auf die aktive Gestaltung der Kita als Ort der Bildung
- Die Einrichtung von Lernwerkstätten ist zeitgemäß, denn Ergebnisse der PISA-Studie sowie neue wissenschaftliche Erkenntnisse über kindliche Lernprozesse, können dort Berücksichtigung finden. So kann die Entwicklung von Lernwerkstätten ein Baustein sein, den Bereich vor der Schule neu zu definieren

4 Wie lernen Kinder in der Lernwerkstatt?

Über kindliche Lernprozesse haben Pädagogen und Psychologen nachgedacht und Ergebnisse neuester – auch naturwissenschaftlicher – Forschungen können ihre Erkenntnisse ergänzen. Der Konstruktivismus (Maturana/Varela 2000), die Wahrnehmungsforschung, die Chaosforschung und Ergebnisse neuerer Säuglingsforschung (Gopnik et al. 2001, Juul 2001) können uns Aufschluss über kindliche Lern- und Bildungsprozesse geben.

4.1 Erkenntnisse aus neurobiologischer Sicht und ihre Bedeutung für die Förderung kindlicher Lernprozesse

Die Ergebnisse neuerer Hirnforschung (vgl. Hüther 2003, Singer 2003, Spitzer 2002) faszinieren auf der einen Seite, weil sie zeigen, wie dezidiert wir in der Lage sind, Aussagen über den Aufbau von Denkstrukturen zu treffen. Gleichzeitig können wir jedoch auch immer wieder feststellen, wie komplex Denkprozesse sind und wie wenig wir letztendlich doch darüber sagen können. Dem Versuch, Erkenntnisse der Hirnforschung bruchlos auf Fragen der Pädagogik und Psychologie zu übertragen, ist dabei sicherlich ebenfalls mit Vorsicht zu begegnen. Trotzdem möchte ich eine Erkenntnis aus der Hirnforschung benennen, die mir für die Arbeit in Lernwerkstätten und die Frage danach, wie wir dort kindliche Lernprozesse begleiten und unterstützen können, wesentlich erscheint.

Das menschliche Gehirn besteht aus Milliarden von Nervenzellen, den Neuronen, die durch Synapsen verknüpft sind. Das Neugeborene ist bereits mit diesem neuronalen Netz ausgestattet, in dem alle Entwicklungsmöglichkeiten des Kindes angelegt sind. In den ersten zwei Jahren werden in hohem Maße neue neuronale Verknüpfungen gebildet, die durch innere Entwicklungsimpulse und handelnde Erfahrungen, die die Kinder machen, aufgebaut werden. Diese Erfahrungen werden im Hirn gespeichert und können zu einem späteren Zeitpunkt wieder abgerufen werden. Vernetzungen werden aufgebaut und die, die sich nicht bewähren, werden wieder abgebaut. Neue Erfahrungen werden dann ins bereits vorhandene neuronale Netz integriert und verstärken bestimmte Verknüpfungen. Der Aufbau und die Veränderung des neuronalen Netzes ist ein lebenslanger Prozess und ist gleichbedeutend mit dem, was wir unter „Lernen" verstehen.

„In den ersten Lebensjahren sind diese Vernetzungsprozesse massiv. Sie erreichen später nie mehr das ungeheure Ausmaß der frühen Kindheit ... Je mehr Querverbindungen ein Netzwerk aufweist, desto leichter kann es neue Informationen integrieren. Insofern ist Lernen ein sich selbst verstärkender Prozess: Je mehr man bereits weiß, desto leichter fällt das Dazulernen."
(Friedrich/Bordihn 2003, S. 11)

Das bedeutet für die Arbeit in der Lernwerkstatt, dass durch die Arbeit mit bestimmten Lernmaterialien und die frei durch die Kinder gewählte Wiederholung bestimmter Tätigkeiten entweder neue neuronale Verknüpfungen gebildet werden oder bereits bestehende verstärkt werden können. D. h. die Möglichkeit des häufigen Wiederholens der gleichen Tätigkeit, je nach individuellem Entwicklungsstand und -tempo des Kindes und je nach persönlichem Interesse und individueller Neigung, fördert die sensomotorische Koordination, d. h. die adäquate Verknüpfung von Wahrnehmung und Handlung.

Aus der Hirnforschung ist bekannt, dass wir Gelerntes dann besonders gut im Gedächtnis speichern, wenn an das Lernen Emotionen geknüpft sind, d. h. für das Individuum ein „Ereignis" darstellen. Ereignisse müssen dabei zwei Eigenschaften haben, nämlich Neuigkeitswert besitzen und bedeutsam sein. Für die Arbeit in der Lernwerkstatt bedeutet das, dass die Kinder eine Lernatmosphäre brauchen, in der sie sich angenommen und bestätigt, also wohl fühlen. Das Arbeitsmaterial muss so gestaltet sein, dass es an Emotionen der Kinder anknüpft, z. B. an Lieblingsgeschichten, Lieblingsfiguren der Kinder o. Ä. Auch die sorgfältige Auswahl der Materialien nach Materialbeschaffenheiten, die die Kinder mögen, ist hierbei wichtig, z. B. glitzernde, transparente Materialien, Materialien mit unterschiedlichen Oberflächen wie weich, glatt usw. die reizen, sie zu berühren.

Kinder lernen wie ein Schmetterling, d. h. sie „fliegen von Blüte zu Blüte" (Lernort) und nehmen sich jeweils das, was sie zu einem entsprechenden Zeitpunkt für ihre Entwicklung brauchen. Dies ist eine mögliche Schlussfolgerung aus Erkenntnissen der Chaosforschung. Für Lernprozesse von Kindern könnte man schlussfolgern, dass dann auch Lernprozesse bei Kindern nicht linear verlaufen. Kinder haben in der Regel kein definiertes Lernziel, das sie auf einem vorbestimmten Lernweg erreichen wollen.

Dieser Erkenntnis kommt der Aufbau einer Lernwerkstatt mit frei wählbaren Arbeitsschwerpunkten und Lernstationen sehr entgegen.

4.2 Bildung als Selbst-Bildung

Wenn wir darüber nachdenken, wie wir Bildungsprozesse in der Kita initiieren, begleiten und unterstützen können, müssen wir uns einer Definition von Bildung nähern. Hier erscheint es sinnvoll, die Begriffe „Lernen" und „Bildung" nicht unterschiedslos zu verwenden, sondern eine genaue Begriffsdefinition zu finden. Hans-Joachim Laewen definiert in den Ergebnissen seines Forschungsprojektes „Zum Bildungsauftrag für Kitas" (1997–2000) Bildung als den

> *„… biologisch nicht determinierten Teil von Entwicklung, den Teil also, der über Zell- und Körperwachstum und andere Reifungsprozesse hinausgeht. Bildung wäre dann der Teil der Entwicklung, durch den das Potenzial der Möglichkeiten, die das Kind in seiner genetischen Struktur mitbringt, zu realen Kompetenzen herausgearbeitet wird … Unter Lernen wollen wir … den abrechenbaren Teil von Bildung verstehen, der von seinen Ergebnissen her bezeichnet werden kann: ich lerne laufen, ich lerne schwimmen."* (Laewen 1997)

Bildung definiert er als geistige Verarbeitung von Erfahrung, als die zentrale Aktivität des Kindes, über das es sich ein inneres Bild von der es umgebenden Welt aufbaut. Dieser Prozess kann nicht von außen „bewirkt oder gesteuert" werden, sondern muss vom Kind selbst geleistet werden. Kindliches Denken beginnt bereits im der frühkindlichen sensomotorischen Phase. Diese ist davon geprägt, dass hauptsächlich Handlungen des Kindes als „Denkspur" und Muster verinnerlicht werden. Das heißt in der Konsequenz, dass wir Kinder zwar in ihren Denkprozessen unterstützen können, das Denken selbst können wir ihnen jedoch nicht abnehmen (vgl. Schäfer 2003).

In diesem Sinne kann man den Bildungsprozess eines Kindes

als Selbst-Bildungsprozess definieren. Das Kind „konstruiert" mit seinen ihm zur Verfügung stehenden Mitteln ein Bild von Wirklichkeit, eignet sich so Welt an. Für seine „Konstruktionen" benötigt das Kind „Futter", Anregung und Dialog mit Anderen (Kindern und Erwachsenen). Den Erwachsenen kommt die Rolle zu, alle Kräfte des Kindes zur Selbst-Bildung zu aktivieren. Hierzu brauchen Kinder differenziert gestaltete Kita-Räume und anregungsreiche Spielmaterialien, verstehende Erwachsene, die Themen der Kinder erkennen und aufgreifen können und ihnen auch neue, bisher unbekannte Themen „zumuten" (Laewen/Andres 2000a und 2002b).

In diesem Sinne können auch die Materialien in einer Lernwerkstatt verstanden werden – sie können sowohl als Anknüpfung an beobachtete Themen der Kinder entwickelt werden als auch als „Zumutung" an die Kinder herangetragen werden. Die freie Wahl des Arbeitsschwerpunktes durch die Kinder fördert, dass ein Kind jeweils an seinem individuellen Lern- und Entwicklungsstand anknüpfen und auf ihn aufbauen kann. Die Erzieher/innen haben dann die Aufgabe, aufgrund genauer Beobachtung des Kindes, diese Lernprozesse zu erkennen, geeignete Arbeitsmaterialien zu entwickeln und ihre Nutzung zu reflektieren. Die Lernprozesse in der Lernwerkstatt können ein Teil eines umfassenden Bildungsprozesses sein, den das jeweilige Kind in der Gesamtkita macht. Mit diesem Bildungsverständnis und seiner Konkretisierung durch die anregungsreiche Lernumgebung und eine besondere Haltung der begleitenden Pädagog(inn)en grenzt sich die Lernwerkstatt stark ab von der „üblichen" Form schulischen Lernens.

Diese geht immer noch davon aus, dass genügend „input" durch (hauptsächlich) Reden des Lehrers und Zuhören der Schüler auch entsprechende Ergebnisse zeigt.

Der inhaltliche Aufbau und organisatorische Ablauf der Lernwerkstatt begründet sich weiterhin auf handlungsorientierte Lerntheorien (vgl. Friedrich 2003), die davon ausgehen, dass der Mensch von dem,

was er hört:	20 %
was er sieht:	30 %
was er hört und sieht:	50 %
was er nacherzählt:	60 %
was er selbst tut:	75 % behält.

Aus diesem Grunde stellt die Lernwerkstatt den Kindern vielfältige Lernmaterialien zum „Selber-Tun" zur Verfügung.

Die Lernwerkstatt kann mit ihren Angeboten jedem Kind ein optimales Anregungsniveau zum Lernen liefern, da die Lernmaterialien unterschiedliche „Schwierigkeitsgrade" besitzen und damit unterschiedliche Entwicklungsstufen der Kinder ansprechen. So kann jedes Kind die Materialien zur Bearbeitung wählen, die es zu dieser Zeit braucht. Die Lernwerkstatt bietet ein breites Spektrum an Angeboten für unterschiedliche Entwicklungsstufen und ermöglicht deshalb besonders effektiv binnendifferenziertes Arbeiten.

Als letztes führe ich eine Erkenntnis aus Untersuchungen zu positiven Lernbedingungen an, die besagt: Ganzheitliches Lernen erfordert nicht nur eine Verbindung von kognitivem und sinnlichem Lernen, es muss auch mögliche Lernhemmnisse berücksichtigen. Lernhemmnisse können sein: Angst, Konkurrenzdruck, Vorurteile, Müdigkeit, Resignation, Interesse an anderen Dingen. Als günstige Lernvoraussetzungen gelten:

- das Sich-wohl-fühlen,
- der persönliche Bezug zum Inhalt,
- die Darbietung des Lehrstoffes unter Einbezug unterschiedlicher Sinnesanreize,
- Authentizität der Lehrperson.

Diese positiven Lernbedingungen können in der Lernwerkstatt durch die äußere und innere Struktur des Angebotes geschaffen werden.

4.3 Forscher, Entdecker, Erfinder

Können Kinder in der Lernwerkstatt forschen? Im Vergleich zur ganzheitlich forschenden Tätigkeit, wie sie in Projekten im Kita-Alltag erlebt werden kann – ist die Tätigkeit der Kinder in der Lernwerkstatt immer nur die individuelle Bearbeitung eines Ausschnittes, eines Teils eines Gesamtthemas. So dient die Arbeit hier der Vertiefung, dem Üben und Wiederholen. Nehmen wir auch hier wieder ein Beispiel. Die Kinder haben sich über die Farben des Regenbogens unterhalten und wie sie wohl zustande kommen. Hieraus könnte sich ein Projekt entwickeln, in dem die Kinder singen, tanzen, malen, gestalten, sich verkleiden, experimentieren. Hierzu ist die Lernwerkstatt nicht der Ort – dieses alles wird in anderen Räumen der Kita stattfinden. Fragen aus Projekten oder ggf. auch Themen, die dort bearbeitet werden, können jedoch zur Vertiefung und zur Erprobung von einzelnen Kindern bei Bedarf und Interesse parallel zum Projektverlauf in der Lernwerkstatt bearbeitet werden. Z. B. könnte ein Kind entdeckt haben, dass Licht sich bricht und in alle Farben des Regenbogens aufgliedert. An dieser Entdeckung könnte es z. B. in der Forscherecke nach Bedarf und Interesse weiterarbeiten, die Erkenntnis durch Wiederholen vertiefen. Dafür stellt die Erzieherin in diesem Lernbereich Materialien zur Verfügung, die dem Kind die Versuche zu diesem Thema ermöglichen. Das Thema Farbtöne und ihre Abstufungen könnte mit speziellen Farblegekarten oder anderen Materialien visuell erfasst werden. Die Mischbarkeit von Farben könnten die Kinder erproben, in dem sie mit Pipetten Farben in mit Wasser gefüllte Reagenzgläser tropfen. Diese Versuche würden im Sinne einer „vorbereiteten Umgebung" immer wieder zur Verfügung stehen. Da die Kinder ihr Lernthema selbst wählen und dieses auch so oft sie möchten wiederholen können, haben sie die Möglichkeit, ihr individuelles Lerntempo zu bestimmen. Auch der Zeitpunkt, wann sie „satt" sind, d. h. der „Wissenshunger und -durst" (bezogen auf dieses spezielle Thema) befriedigt ist, kann von den Kindern frei bestimmt werden. Bei dieser Arbeit werden die Kinder Entdeckungen machen, Erkenntnisse haben und es kann der Wunsch entstehen, auf dieser Basis Neues zu erfinden. So könnte z. B. eine Farbmischmaschine entwickelt werden – in einer Erfinderwerkstatt, wo immer diese dann räumlich in der Kita auch angesiedelt ist.

Wenn wir Kinder – auch in der Lernwerkstatt – als Forscher, Entdecker, Erfinder bezeichnen, stellt sich die Frage: was heißt das konkret? Wie äußert sich diese Forschungstätigkeit?

Dazu ist folgende Ideensammlung hilfreich. Man stellt sich einen erwachsenen Forscher vor und überlegt:
- Was ist ein Forscher?
- Was braucht ein Forscher, um forschen zu können?
- Woran erkennt man einen Forscher?

Folgende Antworten haben wir gefunden ...

Was ist ein Forscher?
... einer der fragt – er entdeckt Phänomene – er untersucht Phänomene, er untersucht, erprobt etwas – er findet Zusammenhänge heraus – er will alles wissen – er ist neugierig, interessiert, wissbegierig – er findet etwas heraus – er möchte einer Sache auf den Grund gehen, er möchte „hinter die Dinge" sehen, er ist neugierig, weltoffen, mutig, entdeckungsfreudig – er will be-greifen – er will etwas von allen Seiten begucken – er will etwas weiterentwickeln.

Was braucht ein Forscher?
Material – Ruhe, Schutzraum – Raum, Platz – Zeit – Neugierde, Mut – Bereitschaft/Offenheit, Probleme lösen zu wollen – Selbstvertrauen – Verständnis, Unterstützung, Begleitung – Fantasie, Ideen, Kreativität – Anreiz, etwas Unentdecktes zu entdecken – Ausdauer – Frustrationstoleranz – Hilfsmittel, Werkzeuge – alle Sinne – Fragen, Antworten – Geld – Wissen – Anregungen – die Fähigkeit, sich versenken und konzentrieren zu können – Gelegenheit, seine Forschungsergebnisse zu veröffentlichen.

Woran erkennt man einen Forscher?
Er untersucht alles, was ihn interessiert – er hat einen Blick fürs Detail – er ist bei sich, nicht abgelenkt – er probiert, reflektiert, sucht neue Wege – er lässt sich durch Misserfolg nicht entmutigen – er geht ungewöhnliche Wege – er ist kooperativ – er sucht – er ist besonders gekleidet – er sammelt Infos und Material – er sieht aus, als sei er der Welt entrückt – er erweitert sein Weltwissen.

All diese Aussagen, die zunächst einmal einen erwachsenen Forscher betreffen, kann man ohne Abstriche auf forschende Kinder übertragen. In diesem Sinne forschen Kinder von ihrer Haltung her auch in der Lernwerkstatt. Sie benötigen dazu entsprechendes Material, Zeit und verstehende Erwachsene zu ihrer Begleitung.

4.4 Fragen sind der Anfang einer Bewegung

Kinder werden, wenn sie Materialien in der Lernwerkstatt in die Hand nehmen, Fragen haben: Wie geht das? Was ist das hier eigentlich? Was kann ich mit diesem Material machen? Die Materialien provozieren bei den Kindern:
- etwas wissen, herausfinden zu wollen,

- Lernwege finden zu wollen,
- Lösungen haben zu wollen.

Diese Anfangsfrage bewirkt die Bewegung ins Tun. Die Kinder werden ausprobieren, verschiedene Wege zur Bearbeitung beschreiten und ihre gefundene Lösung wird nicht seitens der Erwachsenen kommentiert. Das Tun an sich verschafft Befriedigung. Loris Malaguzzi, der reggianische Pädagoge hat gesagt: um einer Sache wirklich auf den Grund gehen zu können, muss ich mich „in sie verlieben", mit ihr „flirten". Das heißt, ich müsse man sich einer Sache von allen Seiten nähern, sie sozusagen „umwerben", und eine wichtige Rolle spielen dabei die Gefühle. Das bedeutet, ein Kind muss emotional an seinem aktuellen „Lernthema" interessiert sein, will ein Kind eine Sache ergründen und für sich befriedigende Ergebnisse erzielen. Stellen Sie sich vor, wie diese emotionale Beteiligung durch Mimik und Gestik von Kindern in Lernprozessen ausgedrückt wird. Vor unserem geistigen Auge tauchen Kinder auf, die ratlos aussehen, sich freuen, sich ärgern, aufgeregt sind, entspannt oder angespannt aussehen, frustriert, enttäuscht sind, verschmitzt lächeln, befriedigt schmunzeln, ernst und fragend dreinschauen usw. Diese Gesichtsausdrücke werden sehr abweichen von vielen (oftmals zu Recht) gelangweilten Kindergesichtern in vielen Klassenzimmern der Nation. Aufgabe der Erwachsenen in diesem Prozess ist es dann wiederum zu entdecken und mitzuverfolgen, welche Materialien jeweils für einzelne Kinder das „optimale Anregungsniveau" bieten, ebenso müssen sie nachvollziehen, welche Materialien besonders häufig gewählt werden und möglicherweise auch zu ergründen suchen, warum das so ist.

4.5 Staunen und Staunanlässe schaffen

„Einen anderen Anfang der Erkenntnis als das Staunen gibt es nicht.". Dieser Satz stammt von Platon, Philosoph (400 v. Chr.). Er gibt uns einen Hinweis darauf, was Kinder als Anstoß für ihre Lernprozesse in der Lernwerkstatt gebrauchen können: Kinder brauchen in der Lernwerkstatt „Staunanlässe" (vgl. Albert 2000, S. 62).

Um das näher zu begründen, untersuchen wir die Bedeutung des Wortes „Staunen": das Wort kommt aus dem Schweizerischen und kommt von „stau", was dem Adjektiv „starr" gleichbedeutend ist und dem Verb „stonen", das „erstarren" meint. Der Duden definiert es mit „ergriffen sein, fasziniert, überrascht, überwältigt sein." Wenn wir eine Körperhaltung oder eine Bewegung zum Staunen einnehmen oder machen sollen, dann haben wir große, aufgerissene Augen, weil wir etwas für uns Unerwartetes, Besonderes entdeckt haben. Vielleicht steht unser Mund offen „vor Staunen". Vielleicht schlagen wir uns auch die Hand vor den Mund und sind stumm oder ein erstauntes „oh" artikuliert sich. Wenn ich über etwas staune, dann habe ich Besonderes im Alltäglichen entdeckt und es folgt in der Regel sofort ein Handlungsimpuls. Ich möchte das, über das ich staune, berühren, hören, riechen, ggf. schmecken, ausprobieren, genauer erkunden. Ausdruck des Erstaunens können folgende Aussagen sein: „Oh, guck doch mal … das hätte ich jetzt nicht gedacht … das kann doch nicht wahr sein … oh, ist das schön … auf welche Ideen man kommen kann … nein, dass es so was gibt …"

Das Staunen kann Bewunderung, Freude, Irritation, Erschrecken, Verwunderung ausdrücken. Die Fähigkeit zu staunen ist die Fähigkeit, im Alltäglichen innezuhalten, still zu werden, kleine Dinge, Anlässe bedeutsam werden zu lassen. So beeindruckt dann nicht nur Großes, Sensationelles. Ich kann im Alltäglichen eine Sensation entdecken, kann mich berühren lassen und Dinge in einem anderen Licht, aus einem anderen Blickwinkel als sonst wahrnehmen. Aus dem Staunen, dem Moment des Innehaltens, ergeben sich Fragen: „Was ist das denn? Wie funktioniert das? Woher kommt das? Was hat das zu bedeuten?" und Neues wird mit Bekanntem verglichen: „Ähnliches hab ich schon mal gesehen ... das sieht aus wie ... ich hatte das früher schon mal ..." Staunen bedeutet also auch, Fragen zu stellen.

Es gibt eine „Form" zu staunen, bei der ich mich klein und unbedeutend fühle, vielleicht eingeschüchtert von der Größe, der Bedeutsamkeit eines Ereignisses oder einer Sache, z. B. von den hohen Schweizer Bergen oder von einem kleinen Computer-Mikroship, auf dem Milliarden Informationen gespeichert sind.

In der Lernwerkstatt geht es zunächst um das lustvolle Staunen, das etwas wissen will. Kinder haben in der Regel die Fähigkeit, zu staunen. Sie brauchen Erwachsene, die das wahrnehmen können und die sich diese Fähigkeit bewahrt haben. Staunen ist etwas Flüchtiges, es kann nicht festgehalten werden. Die Pädagogen in der Lernwerkstatt können jedoch aufmerksam verfolgen, worüber Kinder staunen, welche Fragen sie stellen und dazu beitragen, dass Kinder viele Anlässe zum Staunen haben. Das können natürlich einmal die Lernmaterialien selbst sein, die durch ihre Beschaffenheit und Struktur und dadurch, dass sie immer wieder gegen neue ausgetauscht werden, Anlass zum Staunen bieten können. Das kann aber auch z. B. ein „Stauntisch" in der Lernwerkstatt an. Hier können Dinge präsentiert werden, über die man staunen kann. Das Gesammelte kann als „ständige Ausstellung" präsentiert werden, die anregt zum Berühren, Riechen, Horchen und Fragen stellen. Für die Gestaltung dieses Tisches können die Kinder oder auch die Eltern gebeten werden, etwas mitzubringen, über das sie staunen. Ebenso ist eine Staunecke in jedem Lernbereich der Lernwerkstatt denkbar, die sich auf das jeweilige Thema bezieht: z. B. chinesische Schriftzeichen in der Schreibecke, ein „merkwürdiges" Schreibgerät, ein Schmetterlingsflügel in der naturwissenschaftlichen Ecke usw. Die Häufung und Bündelung bestimmter Gegenstände weckt auch Erstaunen: wenn ich in der Matheecke viele kleine Samen, Steine, Muscheln etc. präsentiere, erhöht das ihre Wirkung.

„Die Gestaltung in Form einer Bündelung von Objekten, Bildern oder Materialien ist geeignet, das Sehen und Denken in Klassen und Kategorien zu unterstützen ... Eine nüchtern, sachliche Materialhäufung wirkt nur vordergründig langweilig. Durch eine gut überlegte Bündelung auf einem Untergrund, wie Tuch, Tablett, Tischchen, Papptafeln, Folien etc. lassen sich für das Verschiedene auch verschiedene Felder zuweisen. Eine optische und inhaltliche Klarheit ist Voraussetzung für ein sich Klarheit suchendes Staunen." (Albert 2000, S. 67)

Spannend ist es zu verfolgen, welche Dinge sich hier ansammeln werden. Die Kommentare der Kinder zu ihren mitgebrachten Schätzen und die Gespräche, die wir mit ihnen darüber führen, können uns Ideen für die Gestaltung weiterer Lernmaterialien geben. Gleichzeitig können diese Beobachtungen und Gespräche natürlich auch Anlass für die Durchführung von Projekten in der Kita sein, die dann nur in eingeschränktem Umfang in der Lernwerkstatt Platz haben. Die Pädagog(inn)en können den Kindern Hilfsmittel zum Staunen zur Verfügung stellen. Das können sein: Lupen, Mikroskope, Spiegel, Spiegelfolien, Prismen ...

4.6 Begleitung durch die Erzieherin
Sabine Redecker

Die Erzieherin, die die Lernwerkstatt betreut, benötigt als erstes Neugier und die Bereitschaft, kindliche Lernprozesse verstehen zu wollen und ein Interesse am einzelnen Kind. Wunderbar ist es, wenn (noch) ein freudiges Glitzern in den Augen der Erzieherin aufblitzt, weil ein Kind eine Aufgabe lösen konnte, Durchhaltevermögen in einer schwierigen Situation gezeigt hat und befriedigt eine Arbeit beenden kann. Erzieherinnen haben oftmals sehr intensiv gelernt und auch verinnerlicht, dass sie für alle Kinder der Gruppe zuständig sind. Da die Gruppengrößen der Kitagruppen in der Regel eine Stärke von 22–25 Kindern haben, ist dieser Anspruch, immer alle im Blick (real und für die pädagogische Planung) zu haben eine hohe Anforderung. Oft wird dieser Anspruch zurückgestellt, zugunsten „der Gruppe". Das einzelne Kind wird dabei nur als Teil einer Gruppe oder Altersstufe, vielleicht manchmal zu wenig als Individuum gesehen. Beispiel hierfür ist die Aussage: *„Die Vierjährigen dürfen bei uns noch nicht alleine in die Holzwerkstatt – die können das noch nicht".* Die Lernwerkstatt bietet eine gute Voraussetzung dafür, mehr das einzelne Kind in den Blick zu bekommen.

Dazu braucht die Erzieherin eine Haltung, in der sie sich einerseits – soweit wie möglich – aus dem Geschehen heraushält, andererseits aber genau einzelne Kinder beobachtet und somit intensiv und nah am „Geschehen" dran ist.

Die Erzieherin in der Lernwerkstatt sollte von dem Verständnis eines Menschenbildes geprägt sein, das getragen ist vom Vertrauen in das Wachsen und Reifen des Kindes. Das heißt: die Erzieherin vertraut dem Kind, glaubt an seine Entwicklung und weiß um das Potenzial zum Wachstum, das jedem Menschen innewohnt.

„Wir sprechen von dem passiven Lehrer, der sich bemüht, das Hindernis beiseite zu räumen, das seine eigene Tätigkeit und Autorität darstellen könnte, und der somit bewirkt, dass das Kind von sich aus tätig werden kann. Wir meinen den Lehrer, der erst dann zufrieden ist, wenn er sieht, wie das Kind ganz aus sich heraus handelt und Fortschritte macht und der nicht selbst den Verdienst dafür in Anspruch nimmt." (Montessori 1997, S. 155)

Bei der täglichen Arbeit in der Lernwerkstatt bedeutet dies für die Haltung der pädagogischen Kräfte:
- Die Erzieherin wartet und zeigt den Kindern Material, wenn sie Hilfe anfordern.
- Sie unterstützt, wenn Unterstützung erwünscht ist.
- Sie verbessert nicht; sie korrigiert nicht.
- Sie ermutigt Kinder bei ungewöhnlichen Lernwegen.
- Sie ist selbst immer auch Lernende und neugierig auf unterschiedliche Bildungsinhalte und andere Lernwege.

Die Erzieherin muss sich dabei als Dialog- und Verständigungspartnerin bereithalten mit der Frage: „Was tun wir, wenn es in deinem Kopf so aussieht? Wie kann ich dir bei deinen Bildungswegen helfen?" An diese Fragestellung knüpft das Handeln der Erzieher/innen an.

„Durch eine solche Haltung erfährt das Kind die Anerkennung, die es braucht, um selbstbewusst die Wirklichkeit zu erforschen, wenn es auf Erwachsene trifft, die bereit sind, sich mit ihm zu verständigen und das Kind herauszufordern. Dabei gibt es keinen Lern- oder Bildungsprozess ohne eine innere implizite oder explizite Zustimmung des Kindes." (Ebd.)

Aufgabe der Erzieherin ...

... ist es, Lern- und Entwicklungsbegleiterin des einzelnen Kindes zu sein. Das heißt: Sie hat die Aufgabe, Kinder zu beobachten, um

- ihre Themen und Fragen zu entdecken
- die Bedürfnisse der Kinder in entsprechende Angebote umzusetzen
- Entwicklungen zu erkennen, Veränderungen zu sehen, Fähigkeiten, aber auch Schwierigkeiten von Kindern zu erkennen
- Lernprozesse zu begleiten und zu unterstützen
- eine vorbereitete Umgebung zu gestalten
- das Material herzustellen und zu gestalten
- das Material stetig zu verändern und auszutauschen
- zu entdecken und mitzuverfolgen, welche Materialien jeweils für einzelne Kinder das „optimale Anregungsniveau" bieten
- nachzuvollziehen, welche Materialien besonders häufig gewählt werden und ev. zu ergründen, warum das so ist
- die Lernwege der Kinder für Eltern und Schule zu übersetzen
- gegebenenfalls weitere Hilfsangebote zu vermitteln
- für die Vernetzung der Lernwerkstattangebote mit dem Gesamtkonzept der Kita zu sorgen

Da die Lernwerkstatt Teil der Gesamtkonzeption einer Kita sein sollte, kann sich die Sichtweise vom Kind innerhalb dieses Raumes nicht von der pädagogischen Haltung in anderen Bereichen des Hauses unterscheiden.

Die akzeptierende und begleitende Grundhaltung ist auf alle anderen Spielräume übertragbar. Wenn dies gelingt, lässt sich die Lernwerkstatt gut in ein Haus integrieren. Sie kann dann auch von mehreren Pädagogen betreut werden und ist dadurch in ihrer Kontinuität gesichert. Das Ergebnis sind häufig freudvoll arbeitende Kinder, die sich ausdauernd mit Aufgaben auseinander setzen. Dies zeigt sich durch ein hohes Maß an

Konzentrationsfähigkeit. Die Kinder lernen! Dies gelingt auch, wenn Unterschiede in der Entwicklung oder Sprachbarrieren vorliegen. Ein Kind in einer Lernwerkstatt drückte es so aus: *„Ich bin so stolz auf mich!"* Ihm war es nach vielen Versuchen gelungen, eine Kerze anzuzünden.

4.7 Lernwerkstatt für wen?

Grundsätzlich kann eine Lernwerkstatt so aufgebaut werden, dass sie für Kinder ab drei Jahren zu benutzen ist. Wenn hier auch die Kleineren arbeiten, sollte auf jeden Fall der Lernbereich „Übungen des täglichen Lebens" nicht fehlen. Für die jüngeren Kinder einer Elementargruppe (drei- und vierjährige Kinder) können ggf. die „offenen" Materialien interessant sein.

Die Lernwerkstatt kann auch als das Angebot für die Kinder, die jeweils im kommenden Jahr zur Schule kommen, genutzt werden. Die Kinder dieser Altersstufen (die fünf- und sechsjäh-

Lernwerkstatt für wen?

rigen Kinder) können in der Regel eher als die Jüngeren einen Zugang zu den Materialien finden.

Wenn die Lernwerkstatt sich als besonderes Angebot für die „Großen" versteht, wird so ihrem Bedürfnis Rechnung getragen, auch als „Große" bestätigt zu werden. So können sie – zumindest zeitweise – Privilegien, die das „Groß-Sein" hier mit sich bringt, genießen.

Erfahrungen zeigen, dass gerade Kindern mit besonderen Entwicklungs- und Förderbedürfnissen das Angebot einer Lernwerkstatt sehr zu entsprechen scheint und gut tut. Pädagog(inn)en aus Lernwerkstätten berichten, dass diese Kinder, die ansonsten oftmals das Problem haben, nicht stillsitzen und sich konzentrieren zu können, „plötzlich" konzentriert und interessiert an selbst gestellten Aufgaben in der Lernwerkstatt arbeiten. Dieses Phänomen dürfte zukünftig noch vermehrt zu untersuchen sein.

Eine Hypothese hierzu ist, dass die vorbereitete Umgebung und die strukturierten Materialien in der Lernwerkstatt Kindern mit Konzentrations- und Lernproblemen Hilfestellung zum Lernen und Orientierung bieten können. Kindern, die darunter leiden, wenig „Struktur" zu haben, scheint dieses strukturierte Angebot sehr gut zu tun.

5 Welche Lernbereiche gibt es in der Lernwerkstatt?

Lernstationen und Lernmaterialien

Der Ton- oder Knettisch
Franziska Schubert-Suffrian

Für viele Kinder ist der Ton oder Knettisch, je nach angebotenem Material, ein *Einstiegsangebot* in die Lernwerkstatt. Sie nutzen das Material, um zunächst mit beiden Händen gleichzeitig kräftig zu arbeiten. Im zweiten Schritt werden die Bewegungen feiner und gezielter, bis hin zum Formen von Rollen, Kugeln oder Gegenständen. Die Kinder scheinen dabei von einfachen, ausgeprägten, beidseitig symmetrischen Bewegungen zur komplizierteren, koordinierten Zusammenarbeit beider Hände zu gelangen. Es ist zu beobachten, dass manche Kinder erst nach dieser Vorbereitung den Arbeitsplatz wechseln um sich für eine andere Tätigkeit zu entscheiden.

Für andere Kinder ist das aus der Gruppensituation bekannte Angebot Kneten und Formen ein sicherer Ausgangspunkt. Gerade Kinder, die die Lernwerkstatt noch nicht so häufig besucht haben, nutzen dieses Angebot als „Beobachtungsposten". Erst wenn sie die anderen Kinder beobachtet haben, und damit die neue Situation einschätzen können, wagen sie sich an die unbekannteren Ecken der Lernwerkstatt.

Die Lese- und Schreibecke
Franziska Schubert-Suffrian

Ab dem Alter von etwa 4 Jahren entwickeln Kinder ein besonderes Interesse an der geschriebenen Sprache. Sie interessieren sich aus eigenem Antrieb für Symbole und Buchstaben. Lange vor der Schule setzen sie sich ganz selbstverständlich mit Zeichen, Schrift und Kommunikation auseinander. Sie versuchen, sich den Sinn der Zeichen, die sie umgeben, zu erschließen. Maria Montessori bezeichnet diese Phase als sensible Phase des Schrift- und Leseerwerbs. Die Kinder sind in dieser Altersstufe besonders aufnahmefähig für diese Lernbereiche. In der Lese- und Schreib-Ecke der Lernwerkstatt kann die Faszination der Kinder für Sprache, Schrift und Lesen aufgegriffen werden und wir können die Kinder in ihren Lernschritten begleiten. Ziel einer Lese und- Schreibecke ist es, den Kindern einen spielerischen Zugang zur Schrift im eigenen Tempo zu ermöglichen. Dabei gehen wir von dem Montessori-Prinzip des „Lesen lernen durch Schreiben" aus. Dieser Grundsatz bedeutet, dass die Freude des Kindes, Schrift zu produzieren, die Basis für das Entziffern dieser Produkte ist. Beim Schreiben setzt das Kind Laute in Zeichen um. So entwickelt sich spontan Schriftsprache, ähnlich wie gesprochene Worte. Lesen dagegen ist eine abstrakte intellektuelle Leistung, nämlich Interpretation von Gedanken und Schriftzeichen, und diese Fähigkeit wird erst im zweiten Schritt erworben.

In der Lernwerkstatt können wir Kinder ermutigen, sich mit der Sprache zu beschäftigen und sich an die kulturellen Formen heranzutasten, die sich in der „Schriftlichkeit" ihrer Umgebung zeigen. Was bedeuten bestimmte Zeichen und Bilder? Ein Rundgang durch die Kita macht allen schnell deutlich, wie viele Zeichen uns umgeben.

Ausgehend davon, dass Kinder durch reichhaltige Erfahrungen mit den verschiedenen Facetten der Lese-, Erzähl- und

Welche Lernbereiche gibt es in der Lernwerkstatt? 79

Schriftkultur langfristig Entwicklungsvorteile sowohl im Bereich Sprachkompetenz als auch beim Lesen und Schreiben erwerben, bietet die Leseecke Grundlagen für die Bildungslaufbahn von Kindern. Aufbauend auf die Möglichkeiten, im Gruppenalltag Kompetenzen im Bereich Text- und Sinnverständnis sowie Vertrautheit mit Schrift- und Literatursprache zu erwerben, bietet die Lese-Ecke ein vertiefendes Angebot.

Die Lese- und Schreibecke gliedert sich formell in zwei Bereiche: In den der „Schriftlichkeit" und in den der „Mündlichkeit".

> Schriftlichkeit – Mündlichkeit
>
> Feinmotorik   Symbolik der Schriftsprache   Wortschatz
> Graphomotorik Buchstaben kennen lernen   Sprach- und
>   Schriftkultur
>
> Erweiterung der eigenen Weltsicht
> Schreiben
> Lesen

Schriftlichkeit
Eine der wichtigsten Grundlagen des späteren Schreibens ist das fein abgestimmte Zusammenspiel von Muskel, Sehnen und Gelenken. Diese Feinmotorik stellt mit einer abgestimmten Auge-Hand-Koordination und der visuellen Wahrnehmungs- und Speicherfähigkeit die Basis für eine präzise Steuerung des Bewegungsablaufes dar. Mit zunehmender Geschicklichkeit erwirbt das Kind dann graphomotorische Fertigkeiten.

„Unter dem Begriff „Graphomotorik" lassen sich alle Prozesse einordnen, die zu einer Produktion von grafischen Zeichen mittels der Hand und einem Schreibgerät auf einem Untergrund führen." (Rix 2001, S. 6)

Schreiben kann nur erlernt werden, wenn das Kind die motorischen Fähigkeiten und Wahrnehmungsvoraussetzungen dafür mitbringt. Die Lernwerkstatt bietet den Kindern in diesem Bereich Material in unterschiedlichen Schwierigkeitsstufen an. Zum einen handelt es sich dabei um Spielmaterial, bei dem die Kinder differenzierte feinmotorische Bewegungsabläufe einüben können, z. B. Erbsen mit einer Pinzette umfüllen, einfache Faltarbeiten, Papierflechten, Stickbilder, einfache Schneidearbeiten,

Perlen auffädeln, weben. Zum anderen bietet die Schreibecke graphomotorische Übungsfelder, z. B. Schwungübungen oder Blätter, auf denen fortlaufende Muster weitergezeichnet werden können. Die Arbeitsblätter stellen dabei einen gleitenden Übergang von der bewussten Strichführung bis zum Buchstaben dar. Das Anbieten graphomotorischer Übungsfelder im engeren Sinn ist ein Teil der Schreibecke. Sie umfasst eine Serie von Arbeitsblättern zum

- Erproben einzelner Striche, z. B. über die Verbindung von zwei Punkten
- Schwungübungen für Schlaufen und Bögen nach oben und/ oder unten
- Zeichnen freier und gerichteter Striche
- Einhaltung von Begrenzungen
- Anlegen von Kreisen, z. B. mit Kreislinealen
- Ausführung von fortlaufenden regelmäßigen Handbewegungen (von links nach rechts)
- Zeichnen von graphischen Figuren

Entsprechend dem Entwicklungsprinzip „von körpernah zu körperfern" bieten wir den Kindern durch verschiedene Stifte unterschiedliche Griff- und Haltetechniken an (vom Greifreflex bis zum Zangengriff).

Bei den Materialien, die eine Auseinandersetzung mit der Symbolik der Schriftsprache und ein Kennen lernen von Buchstaben ermöglichen, handelt es sich in erster Linie um Sinnesmaterialien. Die Kinder haben mit diesen Materialien die Möglichkeit, sich der Welt der Buchstaben im eigenen Tempo und mit eigenem Interesse zu nähern. Dreidimensionale Holzbuchstaben zum begreifbaren Erfassen des Alphabets oder Sandpapierbuchstaben sind wichtige Utensilien. Eine ganze Reihe von selbst entwickelten Materialien kann zusammen mit Buchstabenstempeln das Angebot ergänzen.

82 ———————————— Welche Lernbereiche gibt es in der Lernwerkstatt?

Um den Kindern ein breites Übungsfeld zu bieten, brauchen sie Ermutigung mit unterschiedlichen „Schreibtechniken" zu experimentieren, wie z. B. Buchstaben in Wachs ritzen, Buchstaben aus Ton formen, auf einer Tafel mit dem Griffel schreiben, schreiben in Sand ... Diese Tätigkeiten haben einen hohen Aufforderungsgrad für die Kinder und ermöglichen auch das Einüben einer optimalen Stifthaltung.

Gleichzeitig sollen sie unterschiedliche Schreibwerkzeuge ausprobieren können wie Griffel, Pinsel, Federn, Kohlestifte, Glitzerstifte und Kugelschreiber.

Die Rolle der Erwachsenen hat hier eine besondere Bedeutung. Die Kinder müssen die Möglichkeit haben, den Schreibvorgang zu beobachten, um sich die Vorstellung anzueignen, dass so Gedanken ausgedrückt werden können, ganz so, als ob sie ausgesprochen würden. Darüber hinaus soll diese Ecke Schreibanlässe schaffen, zum Beispiel durch

- Klebezettel, um den eigenen Namen an sein Bild zu kleben
- Arbeitsblätter, auf denen ein Feld für den eigenen Namen eingezeichnet ist
- Briefpapier und Umschläge, um Nachrichten an andere Kinder oder Eltern zu verschicken

Auch andere Zeichen, Schriften und Sprachen können aufgegriffen und einbezogen werden.

Mündlichkeit

Zur *„Schriftlichkeit"* gehört auch immer die *„Mündlichkeit"*. Sie ist ein wesentlicher Bestandteil der Lernwerkstatt, z. B. in der Bücher- und Leseecke, in der Kinder sich allein oder gemeinsam mit Erwachsenen mit Inhalten auseinander setzen. Sie erleben dabei, dass Bücher Informationen transportieren und somit eine wichtige Quelle des Wissens sind. Dabei stehen die Spracherfahrungen (vorlesen, vorgelesen bekommen, über Bücher diskutieren, Fragen stellen, Inhalte erzählen usw.) im Vordergrund.

Die Leseecke greift all die Themen der Lernwerkstatt auf und bietet Möglichkeiten zur Vertiefung. Eigene, selbst hergestellte Bücher der Kinder entstehen nach und nach. Der Umgang mit Nachschlagewerken wird zur Selbstverständlichkeit.

Vorlesen, Nachschlagen und Erzählen nimmt in dieser Ecke den größten Teil ein. Sprache, Sprachrhythmus und -klang bei anderen zu erleben und selbst zu erproben, sind entscheidende Bausteine, um den eigenen Wortschatz auszubauen und sprachliche Kompetenzen zu vervollständigen. Kinder erfahren durch eigene diktierte Geschichten, wie sich mündliche Sprache in Schriftsprache umwandelt und wie eine Geschichte aufgebaut ist.

Phonologische Bewusstheit
Ein ergänzender Teil der „Mündlichkeit" ist die Phonologische Bewusstheit:

„Phonologische Bewusstheit ist die Fähigkeit, die Aufmerksamkeit auf die formalen Eigenschaften der gesprochenen Sprache zu lenken, z. B. auf Wörter als Teile von Sätzen, auf Silben als Teile von Wörtern und auf die einzelnen Laute. Das Wahrnehmen und Analysieren der lautlichen Eigenschaften steht dabei im Vordergrund." (Sander/Spanier 2003, S. 24)

Unsere Schrift stellt die Laute der Sprache dar, nicht ihre Inhalte. Um Buchstaben und damit Schriftsprache verstehen zu können, müssen Kinder lernen, verschiedene Laute voneinander zu unterscheiden. Diese Fähigkeit, den lautlichen Aufbau unserer Sprache zu begreifen, die Laute eines einzelnen Wortes erkennen, benennen und verändern zu können, nennt man „phonologische Bewusstheit".

Phonologische Bewusstheit im weiteren Sinne

„... umfasst den Sprachrhythmus und ist erkennbar z. B. an der Fähigkeit, Reime zu erkennen und selbst anzuwenden oder Silben zu klatschen. Im engeren Sinne bezieht sie sich auf den bewussten Umgang mit den kleinsten Einheiten der gesprochenen Sprache, den Phonemen (Lauten). Hierzu gehört z. B. das Heraushören von An- oder Endlauten." (Ebd.)

Wie „neuere wissenschaftliche Untersuchungen belegen, erhöht eine frühzeitige Förderung der so genannten „phonologischen Bewusstheit" bereits bei 5-jährigen Kindern die Chancen für ein problemloses Erlernen des Lesens und Rechtschreibens. Diese Übungen fördern intensiv die auditive Wahrnehmung und Verarbeitung, was grundsätzlich eine Sprachförderung unterstützt (vgl. Christiansen 2003).

Nähere Informationen im Internet unter
http://www.lernnetz-sh.de/foerdephon oder
www.lernnetz-sh.de/foerdesprache

■ Schrift, Sprache, Lesen
Inhalte kurz gefasst – Tipps für die Praxis
Themen zur Bearbeitung und Material

Graphomotorik
Inhaltliche Aspekte des Themas:
- Stifthaltung
- graphische Figuren zeichnen
- Verbindungen zwischen zwei Punkten zeichnen
- fortlaufende regelmäßige Handbewegungen ausführen
- von rechts nach links und von oben nach unten zeichnen/ schreiben

Material/Werkzeuge:
- graphomotorische Arbeitskästen
- verschiedene Schreibutensilien wie Stifte und Papier, Tusche und Feder etc.
- Sandkisten zum Malen
- Tafeln (kleine, z. B. Schiefertafel, Kreidetafel etc.)
- Verschiedene Papiersorten und -formate

Symbolik der Schriftsprache
Inhaltliche Aspekte des Themas:
- Förderung der visuellen Wahrnehmung
- Figurengrundwahrnehmung fördern

Material/Werkzeuge:
- sinnlich begreifbare Buchstaben aus verschiedenen Materialien, wie Schmirgelpapier, Moosgummi, Fotokarton, Holz, Schaumstoff etc.
- Hologrammbilderbücher
- Suchbilder- und Plakate
- Suchbilderbücher

Buchstaben kennen lernen
Inhaltlicher Aspekt des Themas:
- Buchstaben mit allen Sinnen erfahren

Material/Werkzeuge:
- Vogelsand und Tablett zum Schreiben im Sand
- Buchstabenabbildungen auf Plakaten etc.
- Alphabet aus Holz
- Bildergeschichten mit zu ergänzenden Buchstaben/Wörtern
- Buchstabenstempel
- Druckerei
- Arbeitskästen zum Buchstaben kennen lernen

Phonologische Bewusstheit
(Analyse und Synthese von Worten)
Inhaltliche Aspekte des Themas:
- Laute, Buchstaben erkennen
- Richtungshören
- Unterscheidungshören
- Reime
- Anfangsbuchstaben erkennen
- Wortstamm erkennen

Material/Werkzeuge:
- Arbeitskästen zur phonologischen Bewussheit

Vorlesen, erzählen
Inhaltliche Aspekte des Themas:
- Wortschatzerweiterung
- Reimen
- Sprachrhythmus erleben
- Gespräche führen

Material/Werkzeuge:
- Wörterbücher
- Sachbücher
- Fachzeitschriften zu den Themen der anderen Lernbereiche
- Bilderbücher
- Bücher mit Erzählanlässen
- Suchbücher
- Verse und Gedichte für Kinder
- Märchenbücher

Sprache und Kultur
Inhaltliche Aspekte des Themas:
- interkulturelle Sprachförderung
- Sprachklang erleben
- kulturelle Identität erleben

Material/Werkzeuge:
- Abbildungen verschiedener Schriften
- Arbeitskästen mit verschiedenen Schriftzeichen
- Bilderbücher und Tonkassetten in verschiedenen Sprachen
- Liederbücher in verschiedenen Sprachen

Die Matheecke
Sabine Redecker

Mathematik und Geometrie sind ein wichtiges Handwerkszeug für den Menschen. Ohne mathematische Fähigkeiten, wie messen, vergleichen, sortieren, ordnen oder beobachten, hätten wir viele Verständigungsprobleme. Maria Montessori sagt, immer dort, wo wir beobachten, ordnen, messen und vergleichen, sei unser „mathematischer Geist". In der Wissenschaft bezeichnet man diese Tätigkeiten als empirische Vorgehensweise.

Wer Kinder beobachtet, stellt fest, dass schon ganz kleine Kinder versuchen, ihre Umgebung durch räumen, umpacken oder sortieren von Gegenständen zu verstehen. Dieses mathematische Interesse setzt sich fort.

„Es geht – im Rahmen des Bildungsauftrages des Kindergartens – um die Förderung jener grundlegenden mathematischen Fähigkeiten und Fertigkeiten, die eine wesentliche Voraussetzung dafür bilden, dass wir die Welt mit Hilfe von Begriffen und Erkenntnissen der Mathematik beschreiben und verstehen können. Zahlen sind Kindern bereits aus anderen Kontexten vertraut, ohne dass sie als solche immer bewusst wahrgenommen würden. Zum Beispiel: Paar- und Gruppenkonstellationen in der Bewegungserziehung und in der Rhythmik, das Auffädeln von Perlen, das Sortieren von Knöpfen verschiedener Farbe und Größe, Abzählverse, die Kerzen auf dem Geburtstagskuchen." (Friedrich/Bordihn 2003, S. 4f.)

Die älteren Kinder zeigen Interesse an Mengen, Maßeinheiten, Längen und Zahlen. Durch sinnliche Erfahrung (fühlen und be-greifen) der Materialien entwickeln Kinder ein mathematisches Verständnis von groß/klein, dick/dünn, lang/kurz usw. und erkennen Dimensionen. Sie fangen an zu rechnen. Im Alter von etwa sechs Jahren haben sie eine genaue Vorstellung vom Zahlenraum zwischen 0 und 10. Sie erarbeiten sich den ersten Zehner. In der Lernwerkstatt sollte es Materialien zum Zählen geben. Wichtig hierbei: die Null nicht vergessen. Die Kinder sollen aber auch den Zusammenhang zwischen Zahl und Menge begreifen. Hier könnte ein Zählkasten – Beispiel: Ziffer 5, nur 5 Gegenstände holen – helfen, die Zusammenhänge zu verstehen.

„Bezogen auf den Lerngegenstand Mathematik, beinhaltet ganzheitliches Lernen die gesamte sinnliche Wahrnehmung der Bedeutungsvielfalt von Zahlen, Formen, Größen, Gewichten etc. So können wir die Forderung nach ‚ganzheitlichem Lernen' sowohl auf den Lernenden selbst als auch auf den Lerngegenstand beziehen. Für das lernende Kind bedeutet dies, dass das ‚ganze Kind' lernt, also mit allen Sinnen, mit seiner Sprache, seiner Motorik usw. ... Zur Festigung ganzheitlichen Lernens eignen sich insbesondere auch ... selbsttätige Erkundungen der Lernumgebung." (Ebd., S. 6)

Selbsttätiges Erkunden kann zum Beispiel folgende Tätigkeiten umfassen:
- das Kind malt Ziffern in einen mit Sand gefüllten Kasten. Durch das Fühlen begreift es die Zahl *„Taktile, d. h. sich auf den Tastsinn beziehende Wahrnehmungen sind für Kinder hilfreich, um innere Vorstellungsbilder entwickeln zu können."* (Ebd., S. 8)
- das Kind misst mit einem Meterstock, durch das Hineinlegen eines wirklichen Meters begreift es die Größe
- beim Legen oder Auffädeln von zehn Perlen kann das Kind erfahren, dass sich der Punkt einer Perle in eine Linie von 10 Perlen verwandelt

Kinder haben auch Interesse an großen Zahlen. Wenn es mit zehn Einern einen Zehner bauen kann, was passiert, wenn es zehn Zehner gebaut hat? Wie geht es weiter, wenn zehn Hunderter zusammentreffen? Sind zehn Hunderter wirklich tausend? Das kann es nachzählen.

Welche Lernbereiche gibt es in der Lernwerkstatt?

Wie ist das mit den Rechenoperationen?

Addition und Subtraktion sind Rechenoperationen, die die Kinder bereits im Elementarbereich durchführen und verstehen können. Geben sie z. B. Gegenstände an andere Kinder ab und wollen anschließend wissen, wie viele sie insgesamt abgegeben haben, ist das erlebbare Addition. Wenn Mathematik den Kindern praktisch vermittelt wird, haben sie eine Vorstellung von Zahlen, Größen und Längen. Dies erleichtert ihnen dann später die praktische Umsetzung. In einer Lernwerkstatt sollten mathematische Materialien ihren festen Platz haben.

Zu den Mathe-Materialien können auch die „Bastelkästen" gezählt werden. Diese enthalten Anleitungen mit Bildern, Symbolen und Schrift zum Basteln eines Gegenstandes, z. B. einer Windmühle. Die Kinder arbeiten Schritt für Schritt selbstständig nach der Anleitung. Wird die Arbeit nicht genau durch-

geführt oder in einer falschen Reihenfolge, dreht sich am Ende die Mühle nicht. Wichtige mathematische Erkenntnis: man muss präzise operieren, um ein Ergebnis zu erreichen. Hier wirkt der mathematische Geist. An dieser Stelle ist kein Platz für Kreativität, da diese hier dazu führen könnte, dass das Ergebnis nicht stimmt.

Eine Einführung in die Geometrie durch den Umgang und das Hantieren mit den Grundformen ist auch in der Lernwerkstatt von Bedeutung. Die Kinder erfahren durch das Ertasten von Dreiecken, Kreisen oder Vierecken deren Besonderheiten. Hier ist es wünschenswert, den Kindern die geometrischen Grundkörper dreidimensional anzubieten.

Die Kinder sollen aber auch mit eindimensionalen Formen arbeiten. Durch das Schieben zweier gleicher Dreiecke kann das Kind erfahren, wie daraus ein Rechteck oder ein Quadrat entsteht.

Bei der Übertragung von geometrischen Körpern in unsere reale Welt, sehen die Kinder, dass in ihrer Umgebung nichts ohne geometrische Figuren auskommt. Wie viele Rechtecke hat die Lernwerkstatt? Haben Kinder Ecken?

Mathematik ist nicht starr und nur für mathematisch begabte Menschen verständlich. Mathematik ist ein Teil unseres Lebens und es ist lohnenswert, ihr in der Lernwerkstatt Raum zu geben.

▪ Mathematik
Inhalte kurz gefasst – Tipps für die Praxis:
Themen zur Bearbeitung und Material

Zählen
Inhaltliche Aspekte des Themas:
- Ziffern und Reihenfolge erkennen
- Rechenarten: addieren, subtrahieren, ggf. multiplizieren, dividieren

Material/Werkzeuge:
- Mensch ärgere dich nicht
- Geld
- Rechenschieber
- Zahlenketten
- Spindeln
- Zahlenstempel
- Würfel
- Ziffernabbildungen aus verschiedenen Materialien, Beschaffenheiten und Größen
- Rechenmaschine

Menge
Inhaltliche Aspekte des Themas:
- Gewicht/wiegen
- leicht/schwer
- Gegensätze erkennen/benennen
- Wie viel – wie wenig

Material/Werkzeuge:
- Waage
- Messbecher
- Muggelsteine
- Bausteine
- Einsatzzylinder
- Naturmaterialien

Raum und Zeit messen und erfahren
Inhaltliche Aspekte des Themas:
- Sekunde/Minute/Stunde/Tag/Monat/Jahr
- Jahreszeiten

Material/Werkzeuge:
- Kalender
- Geburtstagskalender

- verschiedene Uhren (Sanduhr, Eieruhr, digitale Uhr, Stoppuhr etc.)
- Messlatte
- Pflanzen (Wachstum/Zeit)

Messen
Inhaltliche Aspekte des Themas:
- Länge
- Höhe
- Breite
- Tiefe

Material/Werkzeuge:
- Lineal
- Geodreieck
- Zollstock
- Maßband
- Zentimetermaß
- Messlatte
- Skalen
- Meterstöcke (1 m Länge)
- Grundriss/Architekturplan

Geometrie (Gesamtheit der Körper)
Inhaltliche Aspekte des Themas:
- Körper
- Volumen
- Dimensionen (Umfang)
- zweidimensionale Formen

Material/Werkzeuge:
- Nikitinmaterialien
- geometrische Formen in 3-D
- Einsatzzylinder

Logik
Inhaltliche Aspekte des Themas:
– Arbeitsabläufe erkennen
– Zusammenhänge erkennen
– Abfolgen erkennen
Material/Werkzeuge:
– Bastelkästen

Was können Kinder bei der Auseinandersetzung mit Mathematik lernen?
- zählen
- logisches Denken
- Formen kennen lernen
- Mengen erfassen
- Zusammenhänge erfasssen
- zuordnen
- abstrahieren
- Zeiträume erfassen
- Ziffern kennen lernen
- Gegensätze erfassen

Die Forscherecke
Franziska Schubert-Suffrian

Gerade im Vorschulalter bombardieren Kinder uns Erwachsene mit „Warum"-Fragen. Warum verschwindet der Zucker im Tee? Warum blubbert kochendes Wasser? Warum ist das Meer blau? Sie wollen Wissen über Zusammenhänge der belebten oder unbelebten Natur sammeln.

Viele dieser Fragen können wir Erwachsenen nicht oder nur unzureichend kindgerecht beantworten. Die Forscher-Ecke in der Lernwerkstatt will begreifbare Antworten auf diese Fragen finden. Gemeinsames Erforschen der belebten und unbelebten Natur steht hier im Vordergrund. Der Zugang der Kinder erfolgt dabei nicht in erster Linie über den analytisch erklärenden Weg, sondern auf der Ebene des Sammelns, Betrachtens, Ausprobierens, und Umgehens (vgl. Schäfer 2003, S. 184).

Teilbereiche der Forscherecke
- Phänomene der belebten Natur
- Phänomene der unbelebten Natur
- Wissenschaft und Technik

Unter biologischen Phänomenen ist die Auseinandersetzung mit der lebendigen Natur in Gestalt von Pflanzen und Tieren zu verstehen, z. B. „Spinnenleichen" mit der Lupe zu untersuchen, die Verwandlung einer Raupe zum Schmetterling zu verfolgen, eine Blumenzwiebel oder Samen beim Wachsen zu beobachten.

Die Phänomene der unbelebten Natur umfassen die Bereiche Chemie, Physik, Astronomie und Geologie. Wobei sich der Zugang den Kindern in erster Linie über den Umgang mit den „Elementen" Erde, Feuer, Wasser und Luft erschließt.

Hier geht es darum, einfache Experimente, die an den Alltagsbezug anknüpfend eine naturwissenschaftliche Deutung für Kinder diesen Alters zulassen, durchzuführen.

Ein einfaches Experiment: Ein scheinbar „leeres" Trinkglas wird mit der Öffnung nach unten vorsichtig in eine Schüssel mit Wasser getaucht und anschließend wieder herausgenommen. Die Innenwand des Glases ist trocken geblieben. War das Glas doch nicht leer? Was hat das Wasser nicht eindringen lassen? Wenn im zweiten Versuchsdurchgang dann ein Glas etwas schräg gehalten wird und die Luft in einer Blase entweichen kann, können die Kinder das Experiment weiter deuten. Sie erfahren etwas über das scheinbare Nichts „Luft". Andere einfache

Welche Lernbereiche gibt es in der Lernwerkstatt? 97

Experimente können dieses Wissen vertiefen. Ausgangspunkt für die „Forschungsbereiche" ist dabei immer die Lebenswirklichkeit der Kinder.

Bei konkreten Experimenten unterscheidet sich die Vorgehensweise des Erwachsenen in dieser Ecke etwas von den bisher dargestellten Bereichen. Um anhand von Experimenten z. B. die Erfahrung zu machen, dass ein Stoff niemals ganz verschwunden ist (Gesetz von der Erhaltung der Masse), brauchen Kinder den Erwachsenen zunächst deutlicher als in den anderen Ecken als Begleiter. Alle Experimente werden erst einmal vom Erwachsenen eingeführt und erst im zweiten Schritt von den Kindern nachvollzogen. Zum Schluss findet eine gemeinsame Deutung des Experimentes statt.

Der Alltagsbezug und die gemeinsame Deutung des Phänomens hat bei den Experimenten einen hohen Stellenwert. Sie ermöglicht es den Kindern, ihre Umgebung ein Stück mehr zu begreifen. Es darf nicht das Ziel sein, mit einem faszinierenden, komplizierten Experiment kurzfristig große Aufmerksamkeit zu erzielen und auf die Deutung oder einen Bezug zur unmittelbaren kindlichen Alltagswelt zu verzichten. Dies erweckt bei den Kindern den Eindruck von „Zauberei" und geht an dem Ziel der naturwissenschaftlichen Bildung vorbei.

Trotzdem ist es wichtig, auch vermeintlich falsche Antworten zuzulassen.

„Viele Antworten, die Kinder auf Fragen finden, waren, auch wenn sie aus heutiger Sicht nicht stimmen, der Ausgangspunkt für die Problemstellungen, die den naturwissenschaftlichen Fortschritt gebracht haben. Die Antworten, die Kinder auf ihre Fragen finden, sind daher nicht in erster Linie nach ihrer heutigen (naturwissenschaftlichen) Richtigkeit und Unrichtigkeit zu bewerten, sondern nach dem Erklärungswert, den sie im Weltverständnis, im Weltbild der Kinder haben, und danach, welche Möglichkeiten des Weiterfragens sie eröffnen." (Schäfer 2003a, S. 184)

Grundsätzlich ist es bei allen Experimenten wichtig, dass die Kinder sie eigenständig durchführen können, ein Alltagsbezug herstellbar ist und dass die Versuchsdauer 20 bis 30 Minuten nicht übersteigt. Nur bei der Beobachtung von biologischen Experimenten, z. B. Kressesamen auf Watte wachsen lassen, wird die Versuchsdauer natürlich überschritten.

Anforderungen an naturwissenschaftliche Experimente
- die Versuchsdurchführung muss ungefährlich sein
- das Gelingen muss sichergestellt sein
- ein Alltagsbezug muss für die Kindern herstellbar sein
- das Experiment muss von Kindern selbstständig durchführbar sein

- eine vermittelbare naturwissenschaftliche Deutung muss gewährleistet sein
- die Versuchsdauer von 20–30 Minuten sollte nicht überschritten sein
- einzelne Experimente sollten systematisch aufeinander aufgebaut sein (vgl. Lück 2003, S. 104).

Mit der Schaffung des Lernbereiches Forscherecke unterstützen wir die natürliche Neugier der Kinder am Erforschen der Zusammenhänge in der Welt. Hier haben Kinder die Möglichkeit, ihrem Interesse an naturwissenschaftlichen Fragen und Experimenten nachzugehen. Kinder haben Spaß am Experimentieren – sie haben Spaß am Durchführen vorgegebener Experimente; gerne denken sie sich aber auch selbst Experimente aus.

„Kinder sind – ebenso wie Dichter, Musiker und Naturwissenschaftler – eifrige Forscher und Gestalter. Sie besitzen die Kunst des Forschens und sind sehr empfänglich für den Genuss, den das Erstaunen bereitet." (Malaguzzi 1990, S. 69)

Diesem Forscherdrang können Kinder ausgiebig und intensiv in einer naturwissenschaftlichen Forscher- und Experimentierecke nachgehen. Sie können ebenso ggf. bereits bestehendes Wissen im naturwissenschaftlichen Bereich durch eigenes Ausprobieren erweitern. Hierbei muten sich Kinder oftmals selbst gerne schwierige Themen zu. Diese bieten ihnen einen Anreiz zu lernen, zu verstehen, hinter die Dinge zu sehen. Beim Forschen kann Unvorstellbares vorstellbar und darstellbar gemacht werden, z. B. dass das All kein Ende hat … oder doch?

Naturwissenschaften
Inhalte kurz gefasst – Tipps für die Praxis
Themen zur Bearbeitung und Material

Physik
Ziel: Die Kinder machen erste Erfahrungen mit physikalischen Gesetzmäßigkeiten

Inhaltliche Aspekte des Themas:
– Schwerkraft
– Licht, Schatten und Farben
– Magnetismus
– Temperaturen
– Elektrik
– Akustik

Chemie
Ziel: *„Die Kinder lernen die Eigenschaften von verschiedenen Stoffen kennen. Dabei geht es um die Konsistenz und Dichte von Stoffen (feste Körper, Flüssigkeiten, Gase) sowie um spezifische Erscheinungsformen und deren Entstehung (z. B. Wärme und Verdunstung). Die Kinder können dabei Stoffe mischen sowie einfache Größen-, Längen-, Gewichts- und Zeitmessungen durchführen."* (Bayerisches Staatsministerium 2003, S. 85) In Versuchen machen die Kinder erste Erfahrungen mit chemischen Gesetzmäßigkeiten.

Inhaltliche Aspekte des Themas:
– Elemente/Stoffe
– Zustände
– Veränderung von Stoffen

Biologie

Ziel: Die Kinder sammeln und sortieren Naturmaterialien und können sie mit verschiedenen Instrumenten genauer betrachten. Sie machen Erfahrungen mit dem Wachstum von Pflanzen. Sie können erstes Wissen über ökologische Zusammenhänge erwerben. Die Kinder machen Erfahrung mit dem Wachstum von Pflanzen und Tieren. Sie können Kleinstlebewesen detailliert

untersuchen, beobachten und Beobachtetes protokollieren. Sie können sich mit der Beschaffenheit des menschlichen Körpers beschäftigen. Wachstum, Gewicht und Aussehen können beobachtet und protokolliert werden.

Inhaltliche Aspekte des Themas:
— Wachstum
— Mein Körper
— Zoologie
— Botanik
— Ökologie

Erdkunde
Ziel: Die Kinder entwickeln ein erstes Verständnis von beobachteten und protokollierten Naturphänomenen, Wetterveränderungen und Jahreszeiten.

Themen:
— Geologie
— Wetterkunde
— Jahreszeiten
— Mineralogie

Astronomie
Ziel: Die Kinder entwickeln ein erstes Verständnis von astronomischen Erkenntnissen.

Inhaltliche Aspekte des Themas:
— Planeten
— Sternensystem
— Sonnensystem
— Himmelslehre

Wissenschaft und Technik
Ziel: *„Die Kinder erhalten Gelegenheiten, verschiedene technische Anwendungen, in denen naturwissenschaftliche Gesetzmäßigkeiten zum Ausdruck kommen, systematisch zu erkunden: z. B. Hebel, Balken, Waage, Magnet, schiefe Ebene, Rad etc."* (Bayerisches Staatsministerium 2003, S. 86)

Inhaltliche Aspekte des Themas:
- Haushaltsgeräte
- Elektronische Medien
- Fahrzeuge, Rad

Was können Kinder bei der Auseinandersetzung mit den Naturwissenschaften lernen?
- Staunen, Neugier Fragen entwickeln
- Lernen durch Versuch und Irrtum
- Durchhaltevermögen und Frustrationstoleranz
- die Welt (Dinge) besser verstehen
- Umgang mit Werkzeug lernen
- Wissen über naturwissenschaftliche Zusammenhänge erwerben

Material/Werkzeuge:
aufgrund des umfangreichen Themengebietes führen wir hier keine themenspezifische Materialausstattung an, sondern geben allgemeine Ausstattungshinweise. Grundsätzlich ist es wichtig, Materialien bereitzustellen, die genaues Hinsehen und Experimente ermöglichen:
- Maß- und Messmöglichkeiten
- Diagucker, Diaprojektor, Overheadprojektor
- Mikroskop, Binom, Lupe, Lupendosen
- Petrischalen, Reagenzgläser, Deckelgläser
- Pipetten, Pinzetten

- Siebe, Schläuche, Trichter
- Koch-, Fieber- und Badethermometer
- Magnete und „Magnetspielzeug"
- Schalen und Mörser

Übungen des täglichen Lebens
Sabine Redecker

Die Übungen des täglichen Lebens, auch unter dem Begriff der lebenspraktischen Tätigkeiten bekannt, haben ihren Ursprung in der Montessoripädagogik. Maria Montessori schuf damit Möglichkeiten, Kinder an der Welt der Erwachsenen (Nachahmung der Tätigkeiten) zu beteiligen.

Ausgehend von der Überzeugung, dass Kindern ein innerer Antrieb zum Wachsen und zur Selbstständigkeit innewohnt, braucht das Kind nur entsprechende Angebote (vorbereitete

Umgebung), um zu lernen. *„Die ‚äußere Ordnung' ist für das Kind eine wichtige Voraussetzung zum Finden einer ‚inneren Ordnung'."* (Onken 2003)

Folgendes Beispiel dient für die „Übungen des täglichen Lebens" zur Veranschaulichung: Jedes Kind möchte gerne sein Getränk selber einschütten. Häufig ist die Flasche zu groß und zu schwer. An dieser Stelle geben die Übungen des täglichen Lebens Kindern Lernmöglichkeiten: Ein Tablett, zwei kleine Kannen, eine Kanne ist mit Wasser gefüllt, die andere Kanne ist leer, das Kind gießt die volle Kanne in die leere und umgekehrt, so häufig wie es will.

Das Kind erfährt, ich besitze die Fähigkeit Wasser einzugießen, das Material ist meinem Alter angepasst, somit kann ich üben. Durch die sich wiederholende Tätigkeit verändert sich meine Fähigkeit in eine Fertigkeit. Ich kann bald in unterschiedliche Gefäße Wasser gießen, ich kann aus einer größeren Kanne eingießen usw. Ich erwerbe Selbständigkeit und Selbstbewusstsein.

Die Übungen des täglichen Lebens sind daher auch in der Lernwerkstatt gut anzusiedeln. Wichtig ist jedoch, das Alter und die Entwicklung der Kinder zu berücksichtigen, um die „Freude" an den Übungen zu erhalten. Die größeren Kinder sind beispielsweise mit der Übung „Kerze anzünden" zu begeistern.

Die lebenspraktischen Übungen ermöglichen einen sachgemäßen und wertschätzenden Umgang mit Dingen in unserer Umgebung.

■ **Übungen des täglichen Lebens**
Inhalte kurz gefasst – Tipps für die Praxis
Themen zur Bearbeitung und Material

Anziehen
Inhaltliche Aspekte des Themas:
- knöpfen
- Reißverschluss öffnen und schließen
- Haken und Ösen öffnen und schließen
- Schnallen öffnen und schließen
- Schleifen binden

Material/Werkzeuge:
- Verschlussrahmen

Sieben
Inhaltliche Aspekte des Themas:
- verschiedene Materialien sieben
- etwas beim Sieben (heraus)finden

Material/Werkzeuge:
- verschiedene Siebe
- Mehl
- Vogelsand
- Erbsen, Bohnen, Nudeln etc.

Gießen
Inhaltliche Aspekte des Themas:
- einen Krug mit Wasser füllen
- Wasser in verschiedene Gefäße füllen
- mit unterschiedlichen Kannen gießen

Material/Werkzeuge:
- verschiedene Krüge und Gefäße
- verschiedene Gießkannen

Öffnen und Schließen
Inhaltliche Aspekte des Themas:
- unterschiedliche Gefäße öffnen und schließen
- Kästchen und Schachteln öffnen und schließen

Material/Werkzeuge:
- verschiedene Schlösser
- verschiedene Schlüssel
- unterschiedliche Schachteln, Kästen
- verschiedene verschließbare Gefäße
- Gläser mit Schraubverschluss

Handhabung von Tätigkeiten aus der häuslichen Umgebung
Inhaltliche Aspekte des Themas:
- Kerze anzünden
- Servietten falten
- Nüsse knacken
- Geschenke aus- und einpacken
- Kaffee, Gewürze, Getreide mahlen

Material/Werkzeuge:
- Kerzen
- Servietten
- Nussknacker
- Kaffee- und Getreidemühle

Was können Kinder bei den Übungen des täglichen Lebens in der Lernwerkstatt lernen?
- Verfeinerung des Handgeschicks
- wertschätzenden Umgang mit Dingen
- zunehmende Selbstständigkeit und Vertrauen in eigene Fähigkeiten
- Übung von täglichen Abläufen und Handlungen

Die Bau- und Konstruktionsecke
Christel van Dieken

„*Beim Bauen setzen sich die Kinder mit der Welt, wie sie von den Erwachsenen geschaffen wurde – in diesem Fall mit der gebauten Umwelt – auseinander. Bei Bauspielen beschäftigen sich die Kinder mit geometrischen Körpern und berücksichtigen physikalische Gesetze. Ihre Tätigkeit wird in hohem Maße durch logische Operationen wie Synthese (Zusammensetzen) und Analyse (Zerlegen) sowie durch Vergleichen, Schlussfolgern und In-Beziehung-Setzen bestimmt.*" (von der Beek et al. 2001, S. 141f.)

Aus diesem Grunde lässt sich ein Bau- und Konstruktionsbereich sehr sinnvoll in eine Lernwerkstatt integrieren, da hier von den Kindern verschiedenste inhaltliche Bezüge zu anderen Lernbereichen wie Mathe-, Tüftler- und Forscherecke hergestellt werden können. In der Bau und Konstruktionsecke machen die Kinder Erfahrungen mit der Dreidimensionalität.

■ **Die Bau- und Konstruktionsecke**
Inhalte kurz gefasst – Tipps für die Praxis
Themen zur Bearbeitung und Material

physikalische Gesetzmäßigkeiten
Inhaltliche Aspekte des Themas:
- Materialbeschaffenheit wie Gewicht, Dichte, Festigkeit, Oberflächenstruktur
- Schwerkraft

mathematische Gesetzmäßigkeiten
Inhaltliche Aspekte des Themas:
- logische Operationen
- Synthese (Zusammensetzen)
- Analyse (Zerlegen)

Welche Lernbereiche gibt es in der Lernwerkstatt? 109

- Vergleichen
- Schlussfolgern
- In-Beziehung-Setzen
- Abfolgen/Arbeitsabläufe erkennen
- geometrische Körper kennen lernen

- Statik
- Abmessungen wie Breite, Länge, Höhe erkennen

Materialien/Werkzeuge:
- Holzbausteine aus dem Fröbel-Sortiment
- Holzabschnitte und Holzabfälle in regelmäßigen und unregelmäßigen Formen
- Baumscheiben, Äste, Zweige
- Schuhkartons
- Dosen

Was können Kinder beim Bauen und Konstruieren in der Lernwerkstatt lernen?
- Umsetzung von Bauplänen
- Gesetzmäßigkeiten von Statik und Schwerkraft, Raum und Zeit, Gewicht
- logisches Denken
- Raumgefühl entwickeln
- Materialbeschaffenheit von Baumaterial kennen lernen
- Grenzen und Möglichkeiten von Baumaterialien erkennen
- geometrische Formen kennen lernen
- Einhalten von bestimmten Abfolgen von Arbeitsabläufen lernen

Die Hörecke
Angelika Ohrt

Erleben von Musik bedeutet, vielfältige Sinneseindrücke zu sammeln. Musikalisches Erleben bildet. Wie alle Lernbereiche der Lernwerkstatt muss die Hörecke in der Verknüpfung mit der Musikpädagogik im Haus gesehen werden. Die musikalische Förderung im Elementarbereich sollte ganzheitlich vermittelt werden. Das „Selbermachen" und Erleben von Musik braucht besondere Rahmenbedingungen: Kinder brauchen die Möglichkeit, laut sein zu dürfen und benötigen gerade bei diesem Bildungsbereich die Verbindung zur Bewegung. Da diese Rahmenbedingungen ein „musikalischer" Arbeitsplatz in der Lernwerkstatt nicht bieten kann, kann hier nur ein kleiner Teil von Musikerleben und -verstehen ermöglicht werden.

Wir beschränken uns hier auf das Hören und Erleben von Musik. Die Hörecke bietet den Kindern die Möglichkeit, sich einen ganz speziellen Zugang zur Musik zu verschaffen. Es geht einmal um das differenzierte Hören und die Wahrnehmung der akustischen Ebenen im musikalischen Bereich. Kinder können hier das „Hören lernen", Tondauer, Tonhöhe, Tonintensität und Klang erleben. Musik wird hier nicht gemacht, sondern Klang kann erlebt, verstanden und genossen werden.

Den Kindern wird ein breites Angebot an verschiedenen Musikrichtungen und ausgesuchten Hörspielen (z. B. Klanggeschichten o. Ä.) geboten. So können sie ein Gefühl für die Musik bekommen und einen Sinn für Schönheit und Ästhetik von Musik und Klängen entwickeln. Damit sie ihren Gefühlen, die beim Hören dieser Klänge und Töne entstehen, Ausdruck geben können, sollten sie in diesem Bereich, Papier, Stifte und Pastellkreiden zur Verfügung haben. Die Musikecke sollte derart gestaltet werden, dass sich andere nicht gestört fühlen und nicht stören können.

Es gibt bei einem bekannten schwedischen Möbelhaus eine kleine Sitzmuschel speziell für Kinder, deren oberer Teil heruntergeklappt werden kann. So sitzt das Kind völlig ungestört in seiner „Auster" und kann sich dem Klanggenuss hingeben.

- **Die Hörecke**
Inhalte kurz gefasst – Tipps für die Praxis
Themen zur Bearbeitung und Material

Musik hören
Inhaltliche Aspekte des Themas:
- Klang
- Schallwellen
- verschiedene Musikrichtungen wie Klassik, Pop, Oper, Musical, HipHop
- Musik anderer Kulturen

Musik erleben
Inhaltliche Aspekte des Themas:
- „dem Eindruck einen Ausdruck geben"
Material/Werkzeug:
- Kassettenrekorder, CD-Spieler und entsprechende Tonträger
- Papier
- Stifte, Pastellkreiden o. Ä.

Was können Kinder bei der Auseinandersetzung mit Musik in der Lernwerkstatt lernen?
- Wirkung und Ausdruck unterschiedlicher Musikrichtungen erleben
- Gefühle erspüren und mit malen und Grafik ausdrücken
- Wahrnehmen von unterschiedlichen Klangquellen

Medien
Christel van Dieken

Der Umgang mit Medien und der entsprechenden Technik und ihr kreativer Einsatz gehören heute zur Schlüsselqualifikation kindlicher Lernprozesse:

„Medienalltag heißt einerseits, mit Medien umgehen, Medien nutzen, Medien in verschiedenen Situationen erleben, andererseits heißt Medienalltag, Medienerlebnisse verarbeiten, bespielen, besprechen, sich mit anderen Kindern darüber verständigen oder auseinander setzen. Hierzu bietet der Kindergarten Raum." (Näger 2003, S. 5)

Der Einsatz von und der Umgang mit Medien in der Lernwerkstatt ist sinnvoll, weil Kinder somit Medien als alltägliche, hilfreiche Arbeitsmittel und als Möglichkeit, eigene kreative Ideen umzusetzen, kennen lernen. Vorhandene Medienkompetenzen bei den Kindern können zur gegenseitigen Beratung genutzt werden.

„In der Medienpädagogik geht es um Medienbildung, das heißt,
– Erwerb von Kompetenzen im angeleiteten und selbst organisierten Erlernen
– Medien und ihre Strukturen verstehen und durchschauen (Wahrnehmungskompetenz)
– Medien zielgerichtet und angemessen nutzen (Nutzungskompetenz)
– Medien als Ausdruck der eigenen Persönlichkeit und Interessen aktiv selbst gestalten (Handlungskompetenz)" (Näger 2003, S. 6)

Zurückhaltung der Erwachsenen und die Begleitung der Kinder bei konkreten Fragestellungen ist auch beim Einsatz der unterschiedlichen Medien gefragt. Wichtig ist es zu beobachten: Wie nähern sich die Kinder dem Medium? Benötigen die Kinder Unterstützung bei der Handhabung der technischen Medien? Wie eignen sie sich Wissen an? Was können wir dazu tun, um Kinder auf ihrem Weg zu unterstützen?

Zum Einsatz von Computern in der Lernwerkstatt wäre Folgendes zu bedenken:

„Wenn ErzieherInnen einer Kindertagesstätte beschlossen haben, das Thema ‚Computer' im Kindergarten aufzugreifen und im Team diskutiert haben, stellen sich weitere Fragen zum Für und Wider: Was meinen Eltern zur Computernutzung im Kindergarten ...? Welche Qualitätsmaßstäbe soll man an die angebotenen Spiel- und Lernprogramme legen, um sie zu bewerten? ... Welche Regelungen sollten für den Computereinsatz getroffen werden? ... Wie lässt sich der Computer als Spiel- und Lernmittel in die Einrichtung integrieren?" (Neuß/Michaelis 2002, S. 9)

Falls die materiellen Bedingungen es zulassen, ist die Zuordnung einzelner Computer zu den Lernbereichen sinnvoll, um sie dann jeweils mit entsprechender thematisch zugeordneter Software auszustatten. In der Schreibecke könnte dann ein Schreiblernprogramm vorhanden sein, in der Matheecke ein Programm zum Rechnen, in der Forscherecke vielleicht eine Löwenzahn Forscher-CD-Rom, in der Künstlerecke ein Grafikprogramm usw. Bei der Auswahl der Software ist es wichtig, Qualitätsmaßstäbe zu setzen, damit die angebotenen Computerspiele in ihrer Aufmachung dem Alter und Entwicklungsstand des Kindes angepasst sind. Einige Kriterien sind zum Beispiel: Eine einfache Benutzerführung, altersangemessene

Navigation und Grafik, Qualität der Musik und Sprache, pädagogisches Konzept bei lernorientierten CD-Roms etc. (vgl. Feibel 1997, S. 99–104).

Eine Digitalkamera eignet sich gut, um die Arbeit der Kinder zu dokumentieren; auf Fotos können einzelne Arbeitschritte festgehalten und so für die Kinder und Erwachsene nachvollziehbar gemacht werden. Ebenso können hier einzelne Kinder die Aufgabe übernehmen, ihre Arbeit zu dokumentieren.

Der Einsatz einer Videokamera in der Lernwerkstatt kann für Erzieher/innen ein hilfreiches Mittel sein, um Eltern transparent zu machen, wie ihre Kinder sich mit dem vorhandenen Material selbstständig auseinander setzen. Auch zur Reflexion der eigenen pädagogischen Arbeit sind Videoaufzeichnungen besonders geeignet. In der Leseecke der Lernwerkstatt sollten Sachbücher, Fachzeitschriften und Nachschlagewerke zur Ansicht für die Kinder bereitliegen. Die Zeitschriften, die den Kindern angeboten werden, können sowohl Zeitschriften sein, die speziell für Kinder produziert werden als auch Fachzeitschriften, die sich an Erwachsene wenden. Kinder schauen sich oftmals sehr interessiert diese Zeitschriften an (z. B. Boots-, Auto- und Baumagazine, naturwissenschaftliche Magazine etc.). Sie werden (wie auch bei den Lernmaterialien) das aufnehmen, verarbeiten und vertiefen, was ihrem Interesse und Entwicklungsstand Nahrung gibt.

■ **Medien**
Inhalte kurz gefasst – Tipps für die Praxis
Themen zur Bearbeitung und Material

Printmedien
- Zeitschriften
- Bilder-, Kinder-, Sachbücher
- Leporello

Material/Werkzeuge
- Sachbücher
- Fachzeitschriften
- Nachschlagewerke

Technische Medien
- Computer
- Schreibmaschine
- TV
- Video/ DVD
- Radio
- Cassettenrecorder
- CD-Spieler
- Fotoapparat
- Digitalkamera
- Sofortbildkamera
- Diaprojektor
- Overheadprojektor

Material/Medien:
- Hardware: s. o.
- Video- und Audiokassetten
- Filme
- Fotopapier
- Mikrofon
- Drucker
- Scanner
- Leinwand
- Diamagazine

Was können Kinder bei der Auseinandersetzung mit Medien in der Lernwerkstatt lernen?
- Funktion und Handhabung der Geräte kennen lernen
- technische Abläufe kennen lernen

- logische Abfolgen erlernen, wie: erkennen – abspeichern – wieder abrufen
- logisches Denken

Tüftlerecke / Auseinandernehmwerkstatt
Christel van Dieken

In der Tüftlerecke können den Kindern technische Geräte zur Verfügung gestellt werden, die sie auseinandernehmen/-bauen dürfen und untersuchen können. Bei Interesse können sie neue „Geräte" erfinden oder das demontierte Material reizt zum Sortieren und Zuordnen. Hierbei werden sicherlich Fragen entstehen, deren Beantwortung man möglicherweise im naturwissenschaftlichen Bereich auf die Spur kommen kann. An diesem Ort ist eine Beschränkung auf einige wenige Geräte sinnvoll, damit keine gegenseitige Störung der verschiedenen Lernbereiche entsteht.

Material/Werkzeuge:
- alte Telefone
- alte Wecker
- alte Radios
- alte Schreibmaschinen
- alte Computer

Was können Kinder in der Auseinandernehmwerkstatt lernen?
- „Innenleben" und Funktionen der Geräte (Wissenserweiterung)
- Benennung der Einzelteile (Wortschatzerweiterung)
- Fragen entwickeln und Zusammenhänge herstellen.

Projekte in der Lernwerkstatt
Christel van Dieken

Die enge Verknüpfung aller Angebote in einer Kindertageseinrichtung wird besonders beim Thema „Projektarbeit" deutlich. Laufende Projekte in Kindergruppen können das Angebot in der Lernwerkstatt beeinflussen. Bestimmte Fragestellungen und Inhalte können in der Lernwerkstatt aufgegriffen und durch das Angebot entsprechenden Materials zusätzlich vertieft werden. Kinder können sich in der Lernwerkstatt mit Zeit und Muße analysierend mit Aspekten des Projektthemas beschäftigen, die sie dann später in den (Kita-)Alltag einbinden können.

Aus der Beobachtung der Kinder bei der Beschäftigung mit dem Material, können neue Lernmaterialien für die Lernwerkstatt und/oder Angebote und Projekte für die Kindertagesstätte entstehen. Umgekehrt können aus beobachteten Spielsituationen, Angeboten und Projekten in der Kindertageseinrichtung Anregungen zu Materialien für die Lernwerkstatt entstehen.

Hierzu soll ein Beispiel benannt werden, das Jürgen Zimmer im „Kleinen Handbuch zum Situationsansatz" (Zimmer 1998) beschreibt. Er erzählt von einer Situation, in der sich ein Hortkind bei einem Sturz vom Fahrrad eine stark blutende Wunde zugezogen hat, die ärztlich versorgt werden muss. Bei der Beobachtung dieses Vorfalls sind die Kinder stark emotional berührt und haben viele Fragen, z. B. warum nicht das ganze Blut aus dem Körper herausläuft, wenn man sich verletzt hat. Warum? Wer weiß das auf Anhieb? Hier bietet sich für die Kinder die Möglichkeit, über diese Frage zu recherchieren und Überlegungen anzustellen. Hieraus ergeben sich Themen wie: Zusammensetzung des Blutes mit roten und weißen Blutkörperchen, Blutplättchen und Blutplasma, in Erfahrung bringen und verstehen können, dass die Blutplättchen für die

Gerinnung des Blutes zuständig sind: Die Kinder, die die roten Blutkörperchen spielen (und für den Sauerstofftransport zuständig sind), sind mit einem roten Stirnband ausgerüstet, die Kinder, die die weißen Blutkörperchen darstellen (und die Krankheitserreger bekämpfen), mit einem weißen Stirnband gekennzeichnet ... Anschaulich wird beschrieben, welche Erkenntnis und neuen Fragen das Spiel ergibt. Die Kinder arbeiten über einen längeren Zeitraum intensiv an diesem Thema. Die Einbindung der Lernwerkstatt in dieses Projekt könnte dann zum Beispiel so aussehen, dass in der Leseecke vermehrt Bücher über den menschlichen Körper zum Betrachten ausgelegt sind oder in der naturwissenschaftlichen Ecke Versuche durchgeführt werden können, in denen Kinder Antworten auf ihre Fragen bekommen. Ein Mathekasten könnte so gestaltet sein, dass auf ihm Blutkörperchen abgebildet sind, deren Menge ein Kind erfassen kann usw.

Zusammenfassend lässt sich sagen:

„Das an Schlüsselsituationen orientierte Lernen eignet sich ‚Wissenschaftliches' Wissen wie auch Erfahrungswissen an, bündelt und nutzt es zur Aufklärung von Situationen und Sachverhalten." (Zimmer 1998, S. 41)

Dazu kann die Lernwerkstatt einen Beitrag leisten.

6 Welche Erfahrungen gibt es aus bereits bestehenden Lernwerkstätten?

Praxisberichte und Auswertungen

Einbeziehung der Eltern
Helen Tesch und Petra Sanow

In der Regel sind die Reaktionen auf das Vorhaben „Lernwerkstatt" seitens der Eltern sehr positiv. Die Lernwerkstatt entspricht dem Wunsch der Eltern nach gründlicher, gezielter Vorbereitung ihres Kindes auf die Schule.

Es sollte jedoch deutlich aufgezeigt werden, dass die Lernwerkstatt ein weiteres bereicherndes Angebot unter vielen anderen in der Kindertageseinrichtung ist, und dass die Kinder durch die Gesamtheit der Angebote in ihrer Entwicklung gefördert und auf die Schule vorbereitet werden. Auch alle anderen inhaltlichen Bereiche einer Kita, wie der Bewegungsraum, die Bauecke, der Kreativbereich, der Rollenspielbereich usw. tragen gleichermaßen dazu bei, dass ein Kind alle Kompetenzen erwirbt, die es später in der Schule benötigt.

Wird in einer Kindertagesstätte eine Lernwerkstatt eingerichtet, ist es auf jeden Fall hilfreich und dringend zu empfehlen, Eltern aktiv in die konkrete Vorbereitung, Planung und ggf. auch Umsetzung einzubinden.

Im Folgenden werden praxiserprobte Vorschläge und Ideen vorgestellt, wie Eltern über das Projekt „Lernwerkstatt" informiert werden können. Information und Einbeziehung der Eltern in die Lernwerkstattplanung, den Aufbau und die laufende Arbeit ist Voraussetzung für das Gelingen der Arbeit.

Einladung zum „Informationsabend"
Die „Lernwerkstatt" wird in einem Gruppenraum einer Gruppe eingerichtet. In dieser Situation empfiehlt es sich, nur mit den betreffenden Eltern dieser Gruppe einen „Informationsabend Lernwerkstatt" zu veranstalten. Danach sollte dann ein Abend für alle interessierten Eltern der Einrichtung folgen. Wird die „Lernwerkstatt" in einem Extraraum eingerichtet, kann gleich der „Informationsabend" für alle Eltern stattfinden.

Information des Elternbeirats der Kindertagesstätte
Parallel zum „Informationsabend" für alle interessierten Eltern, hat es sich bewährt, auch den Elternbeirat über das neue Projekt „Lernwerkstatt" zu informieren. Folgende Informationen sollten vermittelt werden:
1. Die Begründung: Warum wird eine „Lernwerkstatt" eingerichtet?
2. Die Zielsetzung der „Lernwerkstatt", pädagogische Gedanken, Hintergründe
3. Wie ist die Einbindung ins Hauskonzept geplant?
4. Das Benennen der grundsätzlichen Regeln, die in der „Lernwerkstatt" gelten
5. Das Erklären der einzelnen „Lernbereiche":
   Welche gibt es?
   Was wird dort gemacht?
   Warum sind sie wichtig?
6. Einen Grundriss des Raumes (z. B. aufgemalt), um die kommenden Veränderungen bildlich darstellen zu können

Ein Vorschlag für die kurze Zusammenfassung der wichtigsten konzeptionellen Begründungen für die Lernwerkstatt sind folgende Aussagen:
- Die Lernwerkstatt ist keine Schule
- Die Lernwerkstatt dient als Hilfe zur Selbsthilfe in Lernprozessen der Kinder
- Die Kinder arbeiten aus eigenem Antrieb
- Jede Lösung ist richtig, nichts ist falsch
- Jedes Kind hat sein eigenes Tempo
- Die Lernwerkstatt ist keine „Reparaturwerkstatt"

Elternmitarbeit
Es ist gibt verschiedene Möglichkeiten, das Wissen und die Fähigkeiten der Eltern mit einzubeziehen, zum Beispiel das Organisieren von Material. Dies kann sowohl mündlich, durch persönliche Ansprache, als auch schriftlich durch Aushänge geschehen. Eine andere Möglichkeit ist, die einzelnen Berufe, Hobbys oder die Herkunft der Eltern zu berücksichtigen. So kann eine Chemikerin bei Experimenten helfen, eine Informatikerin beim Einrichten des Computers, eine türkische Mutter beim Vorlesen in der Leseecke, ein Lehrer Materialien und Ideen für die „Logikecke" geben usw. Weiterhin können Aushänge zu den einzelnen „Lernecken" gemacht werden, in die die Eltern ihre Ideen für die Materialausstattung oder die Bearbeitung von Themen eintragen.

Elterngespräche
Wie bei allen anderen Themen des Kitaalltags sind auch zum Thema „Einbeziehung der Eltern in die Lernwerkstatt" verschiedene Formen von Gesprächen je nach Zielsetzung sinnvoll:
- Tür und Angel Gespräche: Bei Fragen und für Kurzinformationen über die aktuelle Situation in der „Lernwerkstatt"

- geplante Elterngespräche: Zum Austausch über den jetzigen Entwicklungsstand und über das Verhalten des Kindes in der „Lernwerkstatt"
- Auswertungs- und Reflexionsgespräche mit Eltern und Kindern

In regelmäßigen Zeitabständen und zum Abschluss des Jahres sollten gemeinsam mit Eltern und Kindern und den betreuenden Erzieher(inne)n Reflexionsgespräche über die Arbeit in der Lernwerkstatt geführt werden.

Bei diesen Gesprächen sollten Kinder dabei sein und nach ihrer persönlichen Einschätzung gefragt werden. Die Kinder können sich in der Regel sehr gut und realistisch einschätzen.

Sinnvoll ist es, wenn es in der Kindertageseinrichtung ein Bezugskindersystem gibt. Jede Erzieherin ist dann für eine bestimmte Anzahl von Kindern verantwortlich. Mit den Eltern dieser Kinder werden die Reflexionsgespräche geführt.

Präsentation der Lernwerkstatt

Es ist wichtig, die Arbeit der „Lernwerkstatt" zu präsentieren, um die pädagogische Arbeit und die Ergebnisse der Kinder zu dokumentieren. Fotos und passende Texte dazu wirken ansprechend. Weiterhin bietet es sich an, „Tagebücher" zu führen und diese für die Eltern zugänglich zu machen.

Eltern-Mitmach-Tag

Nach Absprache eines Termins können interessierte Eltern die „Lernwerkstatt" ausprobieren. Sie arbeiten mit den Materialien und erfahren praktisch, wovon sie sonst nur theoretisch gehört haben.

Schriftliche Informationsmöglichkeiten für Eltern
- das Verfassen eines „Elternbriefes" als Grundinformation für die Eltern
- das Verfassen einer Broschüre zum Thema „Lernwerkstatt" in der Einrichtung
- einbinden der „Lernwerkstatt" ins Hauskonzept

Personeller und sachlicher Aufwand
Beate Müller-Czerwonka

Personeller Aufwand
Die Lernwerkstatt ist ein hochinteressanter aber auch arbeitsintensiver Bestandteil der gesamten Kindertageseinrichtung. Besonders dann, wenn sie neu in die Kindertageseinrichtung integriert werden soll, aber auch im weiteren Verlauf. Dabei ist die Entwicklung einer Lernwerkstat nie abgeschlossen. Neue Ideen und ein gewisser Arbeitsaufwand sind stets notwendig, um den Raum interessant und zeitgemäß zu halten

Die Lernwerkstatt sollte von einer, noch besser von 2 Fachkräften verantwortlich betreut werden. Das bedeutet zum einen die Anwesenheit in den Lernwerkstattzeiten der Kinder, zum anderen aber auch die
- intensive Auseinandersetzung mit der Idee der Lernwerkstatt
- theoretische und praktische Vorbereitung der Lernwerkstattarbeit
- Beobachtung der Kinder während der Lernwerkstattzeit
- intensive Nachbereitung durch Auswertung der Beobachtungen der Kinder
- Material/Kästen auf Vollständigkeit überprüfen, ergänzen, erneuern
- die regelmäßige Überprüfung, Ergänzung und Entwicklung von Materialien

- Veränderung und Erweiterung des Angebots der Lernwerkstatt
- Materialbeschaffung
- Dokumentation und Präsentation der Werkstattarbeit
- Einbindung von weiteren Teammitgliedern in das Konzept der Lernwerkstatt
- Information für Eltern und außenstehende interessierte Personen

Sachlicher Aufwand

Es ist nicht möglich, die „Kosten" für die Einrichtung einer Lernwerkstatt auf Euro und Cent zu benennen. Es liegt natürlich zunächst einmal in der Entscheidungsfreiheit einer jeden Kindertageseinrichtung, wie die Lernwerkstatt ausgestattet werden soll.

Werden überwiegend vorgefertigte und über den Handel erworbene Materialien zum Einsatz gebracht, wie z. B. Montessori-, Nikitin-Material o. Ä., liegen die Kosten für die Erstausstattung relativ hoch. Werden die Materialien, Kästen, Arbeitsblätter überwiegend selbst erstellt, liegen die Anschaffungskosten niedriger. Anzustreben ist die Mischung aus professionell gefertigten und selbst entwickelten Materialien. Es sollte in jedem Fall auf die Qualität des Materials geachtet werden, sodass das Angebot fachlich gut entwickelt und in der Ausführung ansprechend und haltbar ist.

Zu bedenken ist ebenfalls, dass auch im laufenden Betrieb weitere Kosten entstehen werden. Um den Reiz für die Kinder zu erhalten und Bildungsmöglichkeiten laufend zu erweitern, ist es notwendig, das Angebot zu verändern, eventuell zu erweitern und durch neues Material zu ergänzen. Damit entstehen weitere Kosten, die über die Grundausstattung hinausgehen.

Ein erprobtes Praxismodell: Kita Bünningstedt
Marion Tielemann

Alles hat einen Anfang

Die Kindertagesstätte Bünningstedt, kurz KitaBü genannt, öffnete ihre Türen zum Kindergartenjahr 1993/94. In dieser Zeit wurden in Schleswig-Holstein bestehende Vorklassen langsam aufgelöst und das Kita-Gesetz setzte gleichmäßige Standards für alle Kinderbetreuungseinrichtungen.

Bis zu diesem Zeitpunkt besuchten in der Regel Kinder bis zum fünften Lebensjahr eine Kinderbetreuungseinrichtung und gingen dann in eine Vorklasse, die der Schule untergeordnet und für die Kinder kostenfrei war. In Gegenden, wo ein Besuch einer Vorklasse nicht möglich war, wurde ein Vorschulprogramm in Kinderbetreuungseinrichtungen durchgeführt. In der Praxis waren beide Modelle sehr „verschult" und entsprachen nicht den Entwicklungsbedürfnissen von individualisiert erzogenen Kindern. In der Erziehung hatte ein Wandel stattgefunden. Die so genannten „68er" Eltern wurden Großeltern. Junge Pädagoginnen und Professoren aus den Erziehungswissenschaftlichen Fakultäten proklamierten in der Erziehung in Kinderbetreuungseinrichtungen einen neuen Erziehungsstil, der mehr das Kindeswohl in den Mittelpunkt stellte. In den Kitas wurden unterschiedlichste Formen und Erziehungsstile durchgeführt. Konzeptionen wurden entwickelt und ausprobiert. Alte Ideen sollten durch neue ersetzt werden. Alles war möglich und viele gute sowie fragwürdige pädagogische Ideen wurden angewandt.

Als ich 1993 die KitaBü mit vier Gruppen eröffnete, hatten die Vorschulklassen in der Grundschule Bünningstedt, in denen ich vorher gearbeitet hatte, gerade geschlossen. Während meiner Arbeit als Vorschullehrerin nahm ich an einer Weiterbildung in der Universität Hamburg zur individualpsychologischen Familien- und Schulberaterin teil. Mein neu entwickeltes Wissen deckte sich mit meinen praktischen Erfahrungen als „gelernte" Mutter und ich war begeistert von den Theorien Alfred Adlers und den Studien Maria Montessoris. Ich setzte diese sofort in die Praxis um und entwickelte in der Vorklasse ein ganz neues Modell des Lernens. Das Arbeiten an Stationen, selbstbestimmtes Lernen nach eigenen Entwicklungsbedürfnissen, unter Berücksichtigung der sensorischen Entwicklung, und die Förderung des Gemeinschaftsgefühls nach Adler standen im Mittelpunkt meiner damaligen Arbeit.

Aus meinen gesammelten Erfahrungen mit den Kindern, Eltern und der Zusammenarbeit mit der Grundschule, entwickelte ich eine Konzeption für eine Kindertagestätte, in der die Kinder ab dem dritten Lebensjahr nach denselben pädagogischen Grundsätzen in ihrer Entwicklung begleitet werden sollten, die ich dann ab August 1993 in die Praxis umsetzen konnte. Hinzu kamen die pädagogischen Modelle der Reggio-Pädagogik und der Nicht-Direktivität von Rebeca Wild.

Von Anfang an wollte ich das neue erfolgreiche Modell der Vorklasse für die fünf- und sechsjährigen Kinder, die im folgenden Jahr zur Schule kommen, in die Konzeption hineinfließen lassen. Es musste einen Namen für dieses Modell gefunden werden und ich entschied mich für den Namen „Lernwerkstatt", kurz LWST.

Was verbindet der Name „Lernwerkstatt" mit dem praktischen Tun der Kinder?
In einer Werkstatt wird gearbeitet. Es entstehen Werke von Menschen, die alle unterschiedlich sind. So entstehen in Werkstätten Kunstwerke, Handwerke und auch musische und geistige Werke.

Ich habe mich für den Begriff der Lernwerkstatt entschieden, weil das Entstehen von Dingen und Prozesse, die dazu führen, ein wesentlicher Bestandteil sind. Regale gefüllt mit Arbeitsmaterial geben dem Einzelnen die Möglichkeit zu experimentieren, zu gestalten, zu werken und zu erfinden. In unserer Werkstatt wird nichts vorgetragen oder „frontal" vorgemacht.

Die Lernwerkstatt – eingebettet in die Gesamtkonzeption der KitaBü

In der KitaBü gibt es halboffene Gruppen. Das heißt, dass die Kinder, die die Geborgenheit des Erwachsenen brauchen, für die die Größe eines Raumes genug ist, die ihre Sicherheit erst finden müssen, um die KitaBü-Welt zu erobern, die Geborgenheit in der Gruppe nutzen. Ungefähr 20 bis 30 % der Kinder bleiben in ihrer Stammgruppe bei Ihrem Päpo (Kunstwort aus den Begriffen *Pä*dagogik und *Po*wer – Bezeichnung für die Erwachsenen, die in der KitaBü arbeiten).

Für die anderen Kinder sind alle Türen geöffnet. Sie können sich in den Naturspielräumen der KitaBü, im Atelier, der Holzwerkstatt, den anderen Gruppenräumen und der Essdiele frei bewegen. Auf der wöchentlichen KitaBü-Konferenz wurden wenige Regeln erarbeitet, die das Zusammenleben in einer entspannten Atmosphäre möglich machen. Der Tagesablauf ist ritualisiert und gibt den Kindern dadurch eine verlässliche Zeitstruktur. Für die jüngeren Kinder werden täglich projekt- und situationsorientiert unterschiedlichste Angebote gemacht, an denen sie teilnehmen können – wenn sie dies wollen. Die Kinder haben sich für dieses Angebot einen eigenen Namen gegeben. Es ist die „Mini-Werkstatt." Also auch ein Werkstatt-Modell, auf eine ganz andere Art und Weise, denn auch hier wird in der Ausführung vom Pädagogen nichts vorgegeben oder vorgemacht.

Fünf- bis sechsjährige Kinder haben jedoch ein intensives Bedürfnis nach strukturierten Arbeitsmaterialien, mit denen sie entdecken, vergleichen, zuordnen und Arbeitsprozesse wiederholen können. Dieses bietet die LWST. Das Arbeiten an Stationen berücksichtigt die individuelle Entwicklung jedes einzelnen

Kindes. Das Kind lernt in Vorbereitung auf die Schule, ein eigenes Ordnungssystem zu entwickeln, sich für eine Arbeit zu entscheiden und diese auch zu Ende zu führen.

Meine Philosophie vom Arbeiten in einer Lernwerkstatt beinhaltet folgende Themen, die in der Rangfolge nach Schwerpunkten nun genannt werden:
1. Die Haltung des Pädagogen
2. Die Gestaltung des Raumes und das Arbeitsmaterial
3. Die Projekte
4. Die Kooperation und enge Zusammenarbeit mit der Grundschule Bünningstedt

1. Die Haltung des Pädagogen
Die pädagogische Haltung des Elementarpädagogen in der LWST ist von größter Bedeutung.

Ohne die passende pädagogische Haltung wird das Arbeiten in der Werkstatt zu herkömmlichem Unterricht. Bei uns steht das Kind in seinem Tun im Mittelpunkt der LWST. Es lernt aus sich selbst heraus. Das heißt, dass das Kind entscheidet, womit es wie lange und wie oft arbeiten möchte. Der Pädagoge greift nicht aktiv in die Arbeit des Kindes ein. Dieses „autopoetische Lernen" löst bei dem Kind eine innere Ruhe und Entspanntheit aus, denn es muss sich nicht mehr vor der Beeinflussung des Erwachsenen schützen. Ein Erwachsener hat in seinem Leben vielfältigste Erfahrungen selbst gemacht, die er geistig verarbeitet und auf seine Art und Weise im Langzeitgedächtnis gespeichert hat. Beim Lehren gibt der Erwachsene seine Gedanken und Erfahrungen an das Kind weiter. Hierdurch entstehen unterschiedlichste Spannungen und Probleme, denn Kinder denken anders!

Kinder haben andere Denkstrukturen als Erwachsene. Zusammenhänge können Kindern nicht von Erwachsenen erklärt werden. Logische Denkweisen beruhen auf Erfahrungen, „begreifen" heißt „er-finden".

Der Pädagoge hat in der Lernwerkstatt eine begleitende Funktion. Er gibt dem Kind den Rahmen und die Sicherheit, die es braucht, um sich in seine Arbeit vertiefen zu können. Bittet ein Kind um Hilfe, findet diese nur im Sinne von „Hilfe zur Selbsthilfe" statt. Durch seine Nicht-Direktivität begleitet er ungestört die Kinder in ihren Entwicklungsbedürfnissen. Das Kind zeigt durch die Art und Weise seiner Arbeit, mit welchem Material es arbeitet und wie es Lösungen findet, auf welchem Entwicklungsstand es steht und wofür es sich wirklich interessiert. Gezielte Beobachtungen liefern dem Pädagogen wichtige Informationen über die individuelle Entwicklung des Kindes:

1. Sind vorangegangene Entwicklungsschritte noch nicht genügend gesichert, braucht es noch Zeit für die nächste Phase?
2. Hat es Angst vor den gestellten Aufgaben, fühlt es sich überfordert?
3. Liegen Entwicklungsverzögerungen, Wahrnehmungsdefizite oder Störungen vor?
4. Steht das Kind unter Leistungsdruck?
5. Ist das Kind mit seiner Lebenswelt so „gefüllt", dass es sich neuen Dingen nicht zuwenden kann?
6. Hat das Kind seine eigene Autonomie noch nicht entdeckt oder entwickelt und lernt nur in Beziehung zu einem Erwachsenen?
7. Genießt es die Freiheit, nach Montessori, *„Meister seiner Selbst"* zu sein?

Meistens können wir uns sehr gut auf die Intuition der Kinder verlassen. Sie zeigen uns durch ihr Verhalten eindeutig, inwieweit Schwierigkeiten oder Probleme vorhanden sind. Es ist unsere pädagogische Aufgabe, aus der Sicht des Kindes zu sehen, es zu verstehen und zu begreifen.

Maria Montessori sagt, dass ein Kind von Natur aus den Wunsch nach Entwicklung hat und dass es über einen inneren Bauplan der Seele und über vorbestimmte Richtlinien für seine Entwicklung verfügt (vgl. Montessori 1990, S. 25). Wir sehen in unserer täglichen Arbeit mit den Kindern Maria Montessoris Aussage bestätigt.

In der LWST bedeutet dieses für den Elementarpädagogen, „auf Wellenlänge" mit dem Kind zu sein, es nicht zu beeinflussen oder indirekt zu lenken, sondern respektvoll das Kind in seinem Dasein zu akzeptieren und zu begleiten.

2. Die Gestaltung des Raumes und das Arbeitsmaterial
Der Raum der LWST ist klar und überschaubar gegliedert. Fünf verschiedene „Stationen", durch halbhohe Regale getrennt, befinden sich im Raum. Zu ihnen zählen: Die Schreibstation, Mathematikstation, Montessoristation, Töpferstation und Bastelstation. Die Kinder können frei wählen, an welcher Station sie allein oder mit einem Partner arbeiten möchten. Sie finden Platz an den Arbeitstischen oder führen ihre Arbeit auf den Teppichen durch. Es gibt verschiedene Stationen, die im Folgenden vorgestellt werden.

Die Schreibstation

In der Schreibstation wird die Voraussetzung für eine positive Schreibentwicklung geschaffen. Zur Förderung der Schreibfähigkeit werden hier z. B. Arbeitsmaterialien angeboten, in denen die Kinder ihre Auge-, Handkoordination üben können. Einige Materialien sind aus der Situation der Kinder heraus entstanden. Andere wurden durch die Kooperation mit der Grundschule, also aus der Zusammenarbeit der Elementar- und Schulpädagogen, entwickelt.

Nach den vorbereitenden „*Übungen des täglichen Lebens*" nach Maria Montessori, sowie der Projektarbeit in der Miniwerkstatt und den Übungen in der Töpferstation, Mathematikstation, Montessoristation der LWST und der Psychomotorik (mehrdimensionale Förderung), stehen hier feinmotorisch schulende Übungen im Mittelpunkt der Arbeit. Die Arbeitsmaterialien in der Schreibstation sind hauptsächlich einzeln für sich in Kästen sortiert. Zu den Materialien gehören z. B. Bleistifte, Buntstifte, Schere und Kleber sowie Arbeitszettel. Auf der Deckseite der Kästen können die Kinder anhand von Bildern den Arbeitsauftrag „lesen".

Grundlegende Muster von Schriftzeichen werden mit dem Stift beim Kreisen, Schwingen, Schlangenlinien zeichnen etc. geübt.

■ Die Mathematikstation

Bevor Kinder beginnen, mit dem mathematischen Material zu arbeiten, sind sie darauf durch ihre Erfahrungen in der Kindergartenzeit gut vorbereitet.

In der Mathematikstation arbeiten die Kinder im ersten halben Jahr weiterhin mit verschiedenen Sinnesmaterialien, um mathematische Ordnungsstrukturen kennen zu lernen. Durch klare Ordnungsstrukturen des Sinnesmaterials (Edelsteine, Knöpfe, Formen, Naturmaterialien etc.), lernen sie, ordnend zu denken.

Sie finden Materialien vor, mit denen sie weiterhin Mengen erfühlen, ertasten, zuordnen und begreifen können. Bei der klar strukturierten Vorgabe des Materials ist auch an die eigene Fehlerkontrolle gedacht worden.

Die Geldzählkasse mit den verschiedenen Münzrillen lädt zum Einsortieren der Münzen ein. Hierbei wird wieder ein Ordnungssystem in Verbindung mit großen Mengen auf sinnliche Art und Weise erfahren. Vielen Kindern ist es zur Gewohnheit geworden, abstrakte von konkreten Vorstellungen abzuleiten; sie sind geübt im Vergleichen, Ordnen, Sortieren, Messen und Zählen.

Das Material in der Mathematikstation wird im Sinne einer gut vorbereiteten Umgebung ständig neu ergänzt oder verändert. Jedes Kind entwickelt in der LWST sein eigenes Lerntempo und Lernverhalten. Den Entwicklungsbedürfnissen der einzelnen Kinder entsprechend, finden die Kinder umfangreiches Material zur Entdeckung von Mengen, Ordnungssystemen und geometrischen Formen vor. Besonders in der zweiten Hälfte des Jahres entwickeln die Kinder eine besondere Freude am Ordnungssystem von großen Mengen. (Kleine Kinder lieben große Mengen!) Beim Hunderterbrett z. B. ordnen die Kinder die Zahlenplättchen unter Vorgabe der Kontrollkarte nach dem vorgegebenen Ordnungssystem, ohne die Ziffern wirklich zu kennen. Das Prinzip der Materialien von Maria Montessori besteht darin, Kindern ein Ganzes anzubieten und sie entdecken zu lassen, aus welchen Einzelteilen dieses besteht. Die Übungen, welche den Kindern in der Lernwerkstatt angeboten werden, sind von Montessori für Kinder im Vorschulalter entwickelt worden. Sie beziehen sich zunächst auf die Zahlen bis 10, das Dezimalsystem und später auf die Zahlen bis 1000. Sie kommen also automatisch in Berührung mit den vier Grundrechenarten, indem sie mit den Übungen beschäftigt sind. Durch das Legen von Perlen sammeln sie konkrete Erfahrungen mit der Veränderung von Mengen. Sie fügen sie zusammen, sie nehmen sie wieder auseinander. Unbewusst nehmen sie die Wechselwirkung zwischen den Zahlen wahr.

Insgesamt handelt es sich immer um Sinnesübungen mit Materialien, die in zunehmendem Maße in gleicher Weise abstrakt werden, wie der kindliche „mathematische Verstand" reift. Ganz individuell verschieden beherrschen die Kinder dann unbewusst eine unterschiedliche Anzahl mathematischer Vorübungen.

■ Die Teppichstation

Alle Arbeiten können die Kinder hier auf dem Fußboden sitzend oder liegend durchführen. Der Bewegungsdrang von Kindern in der Veränderung ihrer Sitzhaltung bei hoher Konzentration ist sehr unterschiedlich. Diesem Bedürfnis wird hier nachgekommen. Es ist sinnvoll, an zwei Seiten des Teppichs große Spiegel anzubringen, so dass sich das Kind beim Tun selbst beobachten und seine Arbeit aus einer anderen Perspektive heraus wahrnehmen kann.

Auch in der Teppichstation erfasst das LWST-Kind alle gegenständlichen Aufgaben in direkter Sinneserfahrung der Hände, des Körpers, der Augen und der Ohren, um diese dann auch in abstrakte Begriffe umwandeln zu können: Fühlsäcke, Tastkissen, Geräusch- und Gewichtsdosen, Farbtafeln, unterschiedliche geometrische Formen und Puzzle haben hier ihren Platz.

Ein Teil des mathematischen Materials befindet sich auch in der Teppichstation, zum Beispiel das Nikitin-Material, das den Kindern umfangreiche Kenntnisse über geometrische Formen vermittelt. Die „aufbauenden Spiele" folgen dem Grundprinzip des Lernens – vom Einfachen zum Schwierigen. Die abgestuften Aufgaben entsprechen der individuellen Entwicklung der Kinder. Sie können verschiedene intellektuelle Qualitäten entwickeln: Aufmerksamkeit, Gedächtnis – besonders das Visuelle; die Fertigkeit, Abhängigkeiten und Gesetzmäßigkeiten zu finden, Material zu klassifizieren, zu systematisieren und zu kombinieren.

■ Die Töpferstation

Das Arbeiten mit Ton ist ein wichtiges Stimulans vieler Wahrnehmungsbereiche. Gleichzeitig finden hier Vorübungen für die ganzheitliche Gesamtentwicklung statt. Diese Stimulation aus graphmotorischer Sicht ist wichtig für die Auge- und Handkoordination in der Schreibstation.

Folgende Wahrnehmungssysteme werden hier gefördert:
1. Die taktil-kinästhetische Wahrnehmung: Oberflächen-Stimulation durch Ton und andere Materialien, z. B. einer Backform
2. Tiefenstimulation durch die Handhabung, z. B. den Ton zu klopfen
3. Feinkoordination
4. Tonusregulation: Weicher oder harter Ton für einen geringeren oder größeren Widerstand

Kinder, die sich viel in der Töpferstation aufhalten, gehen oftmals ungern in die Schreibstation. Sie suchen sich hier wichtige und notwendige Stimulationen für ihre jetzige Entwicklungsstufe. Die Entwicklung unterliegt einer hierarchischen Rangfolge. Jedes Überspringen von notwendigen Entwicklungsschritten bzw. Veränderungen eines natürlichen Entwicklungsverlaufes stört die gesunde Entwicklung! Es ist immer wieder erstaunlich, dass sich Kinder – wenn man sie lässt – ihrer Entwicklung gemäß richtig verhalten.

3. Die Projekte
Das Lernwerkstattjahr wird durch vier mehrwöchige Projekte unterbrochen. Die Förderung des Gemeinschafts- und Verantwortungsgefühls, der Selbstständigkeit, des Sprachverständnisses, der Kommunikationsfähigkeit und der Kreativität der LWST-Kinder sind hierbei wichtige Ziele. Diese Erlebniswelten sind Höhepunkte der Lernwerkstattzeit.

Folgende Projekte finden statt:
1. Der Wochenmarkt (ein Markt, den die Kinder komplett selbst gestalten)
2. Aufführung eines Theaterstückes
3. Eine kleine Kunstepoche – Kinder lernen einen Künstler und seine Arbeit durch eigenes Tun kennen

4. Präventionsarbeit sexuelle Gewalt
5. Kooperation mit der Grundschule Bünningstedt

Die Zusammenarbeit zwischen der Grundschule Bünningstedt und der KitaBü ist beim Entstehungsprozess der LWST entstanden. Einerseits ist die unmittelbare Nähe der beiden Einrichtungen hierbei förderlich, andererseits bestand seitens der Schulleitung – besonders nach Auslaufen der Vorklassen – ein großes Interesse an der Arbeit in der KitaBü. In den Anfangszeiten fand der Austausch aufgrund von fehlenden Lehrerstunden nur unregelmäßig statt. Die Zusammenarbeit war dadurch wenig intensiv. Zwischen den Elementar- und Grundschulpädagoginnen bestand auf beiden Seiten Schwellenangst. Zum jeweiligen Ende eines LWST-Jahres entstand eine kurze Zusammenarbeit, in der es um die Schulreife der einzelnen Kinder ging.

Dieser Austausch und Annäherungsprozess hat sich seit 1997 grundlegend geändert. Mehrere gemeinsame Fortbildungen fanden statt und deren theoretische Erkenntnisse und Ideen flossen in die praktische Arbeit der KitaBü ein.

Seit dem Schuljahr 98/99 besucht eine Lehrerin, die im folgenden Jahr Schulanfänger übernimmt, regelmäßig die Lernwerkstatt der KitaBü. Sie lernt den pädagogischen Ansatz kennen und nimmt Kontakt zu den Kindern auf. Im zweiten Halbjahr geht die Lehrerin mit 8 bis 10 LWST-Kindern regelmäßig in ihre Schulklasse. In Absprache mit dem LWST-Team bietet sie unterschiedliche Arbeiten an.

Im Gegenzug besuchen zwei Elementarpädagogen einmal pro Woche die ersten Klassen. Es ist für sie ausgesprochen spannend, die Weiterentwicklung der ehemaligen LWST-Kinder beobachten zu können. Sie können darüber hinaus den Lehrerinnen wertvolle Hilfen geben, da ihnen die Kinder seit dem dritten Lebensjahr vertraut sind.

Diese Art der Zusammenarbeit ist gleichmäßig fortgesetzt

worden. Nicht immer konnte der wöchentliche Rhythmus, aufgrund von Fehlzeiten der Pädagoginnen, eingehalten werden. Dieses hat dem positiven Ergebnis jedoch nicht schaden können. Die Zusammenarbeit ist ein fester Bestandteil der Kooperation Kita und Grundschule geworden. Eine gemeinsame Analyse der Zusammenarbeit ergab:

1. Die Kinder sind der Lehrerin bekannt.
2. Die Lehrerin kennt das Modell der LWST und kann darauf ihren Unterricht aufbauen.
3. Der Austausch zwischen Lehrerin und Elementarpädagoginnen über die Anamnesen der Kinder vergrößert das Verständnis der Lehrerin den Kindern gegenüber schon während der LWST-Zeit.
4. Die KitaBü führt eine „tabellarische Übersicht über den Lern- und Entwicklungsprozess" jedes einzelnen Kindes, der mit dem Einverständnis der Eltern an die Schule weitergegeben wird.
5. Durch die Mitarbeit der Elementarpädagoginnen in der ersten Klasse ist deren Sichtweise der zu leistenden Arbeit im ersten Schuljahr verändert worden.
6. Erkenntnisse aus der Zusammenarbeit fließen durch veränderte Angebote in die LWST ein.
7. Die positive Zusammenarbeit zwischen Kita und Grundschule schlägt sich bei den Eltern nieder. Sie wird bis auf ganz wenige Ausnahmen von den Eltern begrüßt und positiv gesehen.
8. Besuche von LWST-Kindern in der Schule bei „ihrer" zukünftigen Lehrerin sind sehr beliebt.
9. Die Kinder entwickeln spielerisch bereits vor der Einschulung in Kleinstgruppen eine vertrauensvolle Nähe zu den Lehrkräften.

Zusammenfassung

Die Arbeit der LWST kann nicht losgelöst von dem Gesamtkonzept einer Kindertageseinrichtung gesehen werden. Sie ist ein Angebot von vielen anderen in der KitaBü. Das Lernen und Arbeiten mit strukturierten Arbeitsmaterialien in der LWST ist für eine Zeitstunde in den Tagesablauf der KitaBü integriert. Die unmittelbare Nähe zur Grundschule Bünningstedt sowie die Zusammenarbeit von Lehrerinnen der ersten Klasse und dem LWST-Team hat zur Folge, dass die Kinder den Einstieg in die Schulzeit positiv und ohne Ängste erleben.

Die Arbeit in der LWST bedeutet nicht, gleichmäßig entwickelte oder schulreife Kinder zu „produzieren". Jedes Kind ist einzigartig und bringt seine eigene Vorgeschichte mit.

Das Modell der LWST eröffnet in der Zusammenarbeit mit der Schule neue, innovative Möglichkeiten. Hierzu zähle ich variable und individuelle Einschulungstermine über das Schuljahr verteilt und das Stationslernen in der Grundschule von Anfang an.

Die LWST ist ein erfolgreiches binnendifferenziertes Bildungsmodell für die Arbeit in Kindertageseinrichtungen.

Widersprüchliche Gefühle
Marlis Amégnikpo

„Lernwerkstatt bedeutet hier, einen Raum zu haben, in dem selbstbestimmtes/-organisiertes Lernen der Kinder auf vielfältige Weise möglich gemacht wird. Gesucht sind Teilnehmer, die Interesse daran haben, zusätzliche Lernangebote für ihre Kita-Kinder zu schaffen. Wer Lust und Elan hat, Neues aufzubauen und auszuprobieren ist herzlich eingeladen."

Diese Ausschreibung machte mich doch sehr neugierig und ich freute mich auf die 5 Tage „Lernwerkstatt", denn nach vielen Jahren Kindergartenarbeit ist man immer auf der Suche nach neuen Ideen. Hochmotiviert und voller Spannung begann für mich der erste Tag. Nach der Einführung „Lernwerkstatt" wurden Arbeitsmaterialien vorgestellt, zum Beispiel Vorschläge zur Matheecke, Vorschläge für die Schreibecke usw. Nach diesen Ausführungen wurde ich immer ruhiger und überlegte: „Wo ist das Neue, das ich erhoffte?" Für mich waren diese Sachen alte Hüte und verpönte Vorschularbeit. Ein Blick in die Runde der meist jüngeren Kolleginnen erschreckte mich. Ich hatte den Eindruck, die Informationen wurden begeistert aufgesogen. Es ging der erste Tag zu Ende und auch in den nächsten Tagen hatte ich mich noch nicht von dem Schrecken erholt, dass die Kita-Arbeit rückwärts geht. Dennoch war ich gespannt und neugierig, die Lernwerkstatt in der Kita-Bünningstedt beim nächsten Treffen kennen zu lernen.

Zweiter Fortbildungstag in der Kita-Bünningstedt: Nachdem Frau Tielemann, die Kita-Leiterin und Lernwerkstattgründerin, ihre Beweggründe, eine Lernwerkstatt einzurichten, erläuterte, ging sie auf die pädagogischen Hintergründe ein. Dabei wurde klar herausgestellt, welche zusätzlichen Bedürfnisse 5- bis 6-jährige Kinder haben und dass es keine alte Vorschularbeit ist. Dabei handelt es sich um ein Angebot neben vielen anderen in einer Kita. Auch in unserer Kita (die offen arbeitet und Funktionsräume hat) bieten wir den Kindern vielfältige Möglichkeiten in unterschiedlichen Funktionsbereichen. Wo aber bleibt das Angebot für die Kinder im vorschulischen Bereich?

Die Lösung zeichnete sich ab: Die Einrichtung einer Lernwerkstatt. Hier war die neue Idee. Die Materialien sind „alte Hüte", aber doch sinnvoll mit einer *neuen Haltung* der Erzieherin.

Viele Aspekte haben mich motiviert, eine Lernwerkstatt einzuführen: Die vorbereitete Umgebung in der LWST und die eigenständige, nach Interessenslagen orientierte Entscheidungsfreiheit der Kinder. Auch das Ausprobieren der Lernangebote (es gibt kein „richtig" und kein „falsch") überzeugte mich immer mehr und in Gedanken war ich schon dabei, eine Lernwerkstatt in unserer Einrichtung anzubieten. Dass ich meine Meinung so schnell ändern würde, hätte ich nicht gedacht. Aber auch der Austausch mit den anderen Teilnehmern bestärkte mich immer mehr, auch meine Kolleginnen in unserer Einrichtung für eine Lernwerkstatt zu überzeugen.

An einem anderen Tag besichtigten wir das Kinderhaus Jütlandring in Kiel. Die Einrichtung arbeitet offen und ein Funktionsraum ist ein Montessoriraum (eine Lernwerkstatt!). Der Raum strahlt sehr viel Atmosphäre aus vermittelt einen starken Aufforderungscharakter.

Die Entscheidung stand nun fest: In unserer Einrichtung wird auch eine *Lernwerkstatt* entstehen.

Platz ist in der kleinsten Hütte
Bettina Jänsch

Ich arbeite schon seit mehr als einem Jahr mit den „Extrabonbons". Das ist die Gruppe aller Kinder unserer Einrichtung, die im darauffolgenden Jahr zur Schule kommen. Seitdem ich die Gruppe leite, war ich ständig auf der Suche nach neuen Anregungen. Die Einladung zum „Arbeitskreis Lernwerkstatt" schien sehr vielversprechend und ich beschloss, daran teilzunehmen. Bereits das erste Treffen übertraf meine Erwartungen, denn im Verlauf wurde mir klar, was eine „Lernwerkstatt" beinhaltet. Nach dem Grundsatz von Maria Montessori, „Hilf mir, es selbst zu tun", werden Materialien zur Verfügung gestellt, die es den Kindern ermöglichen, sich selbst Wissen anzueignen. Besonders spannend empfand ich den Bereich „Mathematik", weil mir außer geometrischen Formen nichts einfiel, das wir den Kindern an Materialien zur Verfügung stellen, um sich mathematische Grundkenntnisse anzueignen. Auf dem Weg nach Hause hatte ich 1000 tolle Ideen, um Material zu beschaffen. Aber dann schlichen sich langsam andere Gedanken ein: Viel Material benötigt viel Platz! Neue Materialien kosten viel Geld! Es gibt keinen Extraraum für eine Lernwerkstatt bei uns! Alle Gruppenräume sind den ganzen Tag belegt! Ich war wirklich frustriert! Sollte ich alle Gedanken gleich wieder über Bord werfen, weil kein Platz vorhanden ist? Nein! Das nächste Treffen des Arbeitskreises fand in der *KitaBü* statt. Dort gab es eine Lernwerkstatt. Die Leiterin, Frau Tielemann, gab uns Einblicke in die dort praktizierte Lernwerkstattarbeit. Dort wurde mir klar, dass ich auch ohne Raum eine Lernwerkstatt für die „Extrabonbons" einrichten kann. In der KitaBü werden viele Materialien selbst gemacht und in selbst hergestellten Kartons für die Kinder bereitgestellt, die sich sehr platzsparend aufbewahren lassen. Die Materialien sind neben Papier und Kartonpapier Gebrauchsmaterialien, so dass kaum Kosten entstehen. Wieder in der Einrichtung fing ich sofort an, die ersten Arbeitskästen zu erstellen. Wegen des Raummangels musste ich mich zunächst auf wenige Lernwerkstattbereiche beschränken. Am Interesse der Kinder orientiert, entschied ich mich für eine Matheecke, da ja für diesen Bereich – wie bereits erwähnt – kaum Materialien bereitstanden, weiterhin für eine Schreibecke, weil schon bei den „Extrabonbons" ein großes Interesse an Buchstaben deutlich wurde, und eine Bastelecke, in der die Kinder mit verschiedenen Materialien kreativ tätig sein können. Auf einer Dienstbesprechung bat ich meine Kolleginnen zu überlegen, wie wir das Raumproblem lösen könnten – und es ließ sich lösen. Die Kolleginnen aus unserer Krippengruppe sagten spontan, dass ich vormittags für 2 Stunden den Schlafraum der Krippe nutzen könnte. Die Kolleginnen der Elementargruppen wollten mir Bescheid geben, wenn ihre Gruppen vormittags außer Haus sind, so dass wir auch in den Gruppenräumen arbeiten könnten. Den ersten Grundstock an Arbeitskästen habe ich dann auf einem Tablett von einem Regal im Mitarbeiterraum zum jeweiligen Einsatzort getragen. Aufbauen – abbauen – transportieren – räumen – das war immer viel Aufwand, aber die Kinder halfen gerne mit. Vor 2 Monaten bekam ich dann 2 Regale auf Rollen. Die Regale, in die alle Arbeitskästen passen, werden platzsparend in unserem Eingangsbereich untergebracht und dann einfach zum Einsatzort gerollt. Wenn es jetzt heißt: „Extrabonbons", rolle ich die Regale hervor und schon kann es losgehen. Seitdem gibt es in der Kita Bekstraße in Wedel die flexible „rollende Lernwerkstatt".

Ein Gruppenraum wird zur Lernwerkstatt
Helen Tesch und Petra Sanow

Irgendwann im Sommer 2002 wurden wir auf das Projekt „Lernwerkstätten" aufmerksam. Und je mehr wir uns damit beschäftigten und in die Seminare reingeschnuppert hatten, war für uns klar: Wir werden eine Lernwerkstatt einrichten. In unserer Kindertagesstätte gibt es seit dem 1.2.2003 eine Lernwerkstatt für alle Kinder.

Wir arbeiten in unserer Einrichtung gruppenübergreifend. Unsere Gruppenräume sind nach Funktionen eingerichtet und die Kinder können jeden Raum für ihr Spiel nutzen, zum Beispiel den Bau-Raum, das Mal-Atelier, den Theater- und Fantasieraum und den Tisch- und Rollenspielraum. Die zukünftige Lernwerkstatt sollte nun auch in einem unserer fünf Gruppenräume entstehen und so integriert werden, dass alle Kinder sie nutzen können.

Lange haben wir uns Gedanken gemacht und unsere Vorstellungen immer weiter entwickelt. Wir erstellten einen Gruppen-Grundriss, an dem erkennbar war, welchen Lernbereich wir in welcher Ecke einrichten. Weitere Plakate machten die Begründungen und Ziele deutlich und zeigten auf, was in den einzelnen Bereichen angeboten werden soll. Es entstanden zeitgleich die ersten Arbeitsblätter und Arbeitskästen. Außerdem wurden Materialien angeschafft.

Als erste Aufgabe stand uns die Information des Teams bevor, was sehr aufregend war. Zum einem mussten wir ihnen den Inhalt des Projektes vorstellen und die kommenden Veränderungen, und zum zweiten sie für diese tolle Idee gewinnen, denn ohne die Hilfe des gesamten Teams ist eine Umsetzung schwierig. Das Team reagierte sehr aufgeschlossen. Es stellte Fragen, probierte aus und „hakte" noch mal nach. Die Vorstellung des Teams war sehr wichtig, denn wir konnten uns somit auf künftige Fragen der Eltern einstellen. Unsere Plakate und Ausführungen haben wir dementsprechend weiterentwickelt.

Dann war es an der Zeit, die Eltern zu informieren. Die Elternvertreter erfuhren als erste von unserem neuen Projekt. Sie waren einerseits begeistert, weil es sich „gut anhört" und des „endlich ein Angebot direkt an die zukünftigen Schulkinder" geben wird. Andererseits machten sie sich aber Sorgen um die Kinder, die nicht am Lernwerkstattangebot teilnehmen sollten. Die Frage lautet, „wo bleiben die restlichen Kinder?" Nachdem wir ihnen versicherten, dass alle Kinder diesen Raum nutzen dürfen und sich nur der „Inhalt" des Raumes ändern wird, nicht die Gruppe oder der Tagesablauf, gefiel ihnen die Idee sehr gut. Danach luden wir die Eltern der Gruppe ein. Auch hier entstanden wieder Sorgen, um die jüngeren Kinder. „Ob diese wohl noch genügend Aufmerksamkeit bekommen?" und "Wo können denn die Gruppenkinder spielen?" Wir erklärten den Eltern, dass für die übrigen Kinder genügend Spielmöglichkeiten im Gruppenraum selbstverständlich erhalten bleiben und zudem ein zusätzliches Angebot geschaffen wird. Am Ende waren die Eltern von der Lernwerkstatt überzeugt und gespannt, wie es in der Praxis aussehen wird.

Weitere „Eltern-Info-Abende" für alle interessierten Eltern folgten, um sie über die bevorstehenden Veränderungen zu informieren. Wir können im Nachhinein sagen, dass alle das Projekt begeistert aufnahmen.

Nun begann die eigentliche Arbeit, denn die Lernwerkstatt sollte von morgens bis mittags durchgehend geöffnet sein. Das bedeutete, das immer jemand von uns in dem Raum sein musste. Das war wichtig, um für notwendige Hilfestellungen und Tipps da zu sein und das Material einzuführen. In den ersten Tagen war in der Lernwerkstatt viel los! Die Kinder kamen, schauten, probierten aus und immer wieder mussten den unterschiedlichen Kindern ein und dieselben Regeln erklärt werden. Mit den Schulkindern wurden in der ersten Zeit „Lernwerkstatt-Regeln" festgelegt, an die sich auch Erwachsene halten müssen. Wir führten das erste Grundthema ein und stellten fest, dass es über zweieinhalb Monate dauerte, bis das Thema Grund- und Mischfarben für die Kinder hinreichend erklärt war und wir die Kinder für weitere Themen interessieren konnten.

Mittlerweile sind wir seit 3 Monaten mit viel Spaß dabei und haben bisher viele positive Rückmeldungen von den Kindern, ihren Eltern und weiteren Interessierten bekommen. Eine Grundschullehrerin, die sich die Lernwerkstatt angesehen hat, war begeistert und wollte an diesem Punkt in ihrer Arbeit weitermachen. Mit ihr sind weitere Treffen in Aussicht, um die Vernetzung und Zusammenarbeit mit der Grundschule unserer Kinder zu unterstützen.

Für die Zukunft wünschen wir uns weiter tolle Ideen für unsere „Lernwerkstatt" und dass die Umsetzung und Arbeit mit der „Lernwerkstatt" gut gelingt.

Mögliche Stolpersteine
Christel van Dieken

Bevor Sie in Ihrer Kita einen Raum zur Verfügung stellen, in dem wie oben beschrieben von den Kindern gearbeitet werden kann, sollten Sie sich im Team intensiv mit der Frage der Namensgebung beschäftigen. Wenn sie einen Raum als *„Ort des Lernens"* bezeichnen, indem er den Titel „Lernwerkstatt" bekommt, besteht natürlich die Gefahr, dass man schlussfolgert, dass in den anderen Räumen wohl „nur" gespielt wird. So haben Eltern dann oftmals das Interesse, dass ihr Kind auf jeden Fall täglich die Lernwerkstatt besuchen soll, damit es denn auch wirklich etwas lernt.

Wir haben in der Fortbildungsgruppe sehr intensiv und lange über die Benennung dieses Raumes nachgedacht. Es gab viele andere Ideen zur Bezeichnung des Raumes, wir sind letztendlich aber doch beim Namen „Lernwerkstatt" geblieben. Wir sind der Meinung, dass wir die Tradition, in der die Lernwerkstattarbeit steht, mit dieser Arbeit gerne fortsetzen und dies mit der Namensgebung auch deutlich machen wollen. Wir halten es jedoch für unbedingt erforderlich, den Eltern und der Öffentlichkeit transparent zu machen, dass alle Räume der Kita Lernorte sind und dass Bildung ein ganzheitlicher Prozess ist, zu dem die Lernwerkstattarbeit einen Teil beitragen kann, dessen viele andere Facetten aber jederzeit und überall in der Gesamtkita sichtbar werden.

Wenn sie eine Lernwerkstatt in Ihrer Kita einrichten wollen, müssen Sie ggf. mit Steinen rechnen, die Ihnen im Weg liegen:

Kolleginnen wollen sich mit der Idee nicht auseinander setzen, Eltern wollen „richtige" Vorschularbeit, der Träger will kein zusätzliches Geld „rausrücken" usw.

Folgende Fragen sind vor Beginn und auch nach „Inbetriebnahme" einer Lernwerkstatt für ihr Gelingen in regelmäßigen Abständen immer wieder zu diskutieren:
- Wie können wir Kolleginnen zur Mitarbeit an der Lernwerkstattidee begeistern?
- Wie können wir mit Widerständen im Team umgehen?
- Wie erhalten wir unsere Achtsamkeit, nicht in „alte, überholte" Konzepte der Vorschulpädagogik zurückzufallen?
- Wie lernt man die erzieherische Haltung der Nicht-Direktivität und wie schaffen wir es, sie auch wirklich zu leben?
- Werten wir unsere Kita-Arbeit insgesamt ab, indem wir dem Lernen einen gesonderten Raum geben?
- Schätzen unsere Eltern auch weiterhin unsere Angebote, die es über die Lernwerkstatt hinaus gibt, oder ist jetzt nur noch die Arbeit ihres Kindes in der Lernwerkstatt wichtig?

7 Schlusswort

Beate Müller-Czerwonka

Die Bedürfnisse von 5–6-jährigen Kindern, die ihr letztes Kindergartenjahr erleben und danach zur Schule kommen, scheinen in Kindertageseinrichtungen teilweise nicht ausreichend berücksichtigt zu werden. Anzeichen dafür sind „Kindergartenmüdigkeit" und geäußerte Langeweile der „Großen". Eltern sorgen sich darum, ob ihre Kinder durch die Kindertageseinrichtung ausreichend auf die Schule vorbereitet werden. Überlegungen werden angestellt, ob die Vorschule diese Aufgabe „besser" erfüllt als die Kindertageseinrichtung. Eine Teilnehmerin der Lernwerkstattgruppe formulierte das mit einem Zitat von Axel Wieland, Dozent an der Universität Oldenburg, so: *„Der Hauch der Dreijährigkeit weht manchmal durch unsere Kitas"*. Das bedeutet, dass die speziellen Lernbedürfnisse von Kindern – noch mehr als bisher – Berücksichtigung in der Kindertagesstättenpädagogik finden müssen. Die Kindertageseinrichtungen der AWO Schleswig-Holstein haben sich in den vergangenen Jahren verstärkt und in besonderem Maße zum Ziel gesetzt, Bildungsprozesse von Kindern zu fördern und zu unterstützen. Die Einrichtung einer Lernwerkstatt in der Kita kann *ein* sinnvoller Baustein dazu sein, allen Kindern Bildungschancen zu eröffnen. Dass wir darüber dringend nachdenken müssen, haben die Ergebnisse der PISA-Studie gezeigt. Auch in diesem Zusammenhang sehen wir die Einrichtung von Lernwerkstätten als eine Möglichkeit, Konsequenzen aus Ergebnissen dieser Studie zu ziehen. Kinder brauchen selbst organisierte Lernprozesse. Nicht

Wissenserwerb, sondern die Erfahrung, wie ich Probleme/Fragen lösen kann, sind Schlüsselqualifikationen für das Aufwachsen unserer Kinder heute. Das Wissen um und der Respekt vor kindlichen Lernprozessen kann Ausdruck finden in einer besonderen erzieherischen Haltung.

Die Lernwerkstatt, mit ihrer ruhigen, gesammelten Arbeitsatmosphäre, unterstützt den Ansatz, kognitive Fähigkeiten der Kinder zu fördern – gleichgewichtig neben den bislang eher kitaspezifischen Themen von sozialem Lernen, Kreativitäts- und Bewegungsförderung.

Diese Forderung wurde eindringlich von Axel Jan Wieland in seinem Einführungsreferat zum 4. Oldenburger Kongress zum Offenen Kindergarten *„Bildung von Anfang an"* (Oktober 2003) dargestellt. Daneben sollte es in den Kindertagesstätten aber auch für jedes Kind die Möglichkeit geben, konzentriert zu arbeiten. Die Lernwerkstatt kann ein solcher Raum sein, in dem das denkende Kind seinen Platz findet. So können Lernwerkstätten dazu beitragen, eine Verbindung zwischen sozialpädagogischem und kognitivem Ansatz herzustellen.

Lernwerkstätten unterstützen Chancengleichheit für alle Kinder
Lernwerkstätten bieten gerade Kindern mit Deutsch als Zweitsprache ein attraktives Angebot. Die eigenen sprachlichen Fähigkeiten sind nicht Grundlage für den Umgang mit den Materialien. Viele Materialien sind aufgrund ihres Aufforderungscharakters, der bildlichen Darstellung, ihrer möglichen Nutzung und der eingearbeiteten Fehlerselbstkontrolle auch mit geringen Sprachkenntnissen zu verstehen und auszuprobieren.

- Die gezielte, in überschaubare Schritte gegliederte Einführung von neuen Materialien hilft Kindern, die sprachlichen Informationen zu verstehen und nachzuvollziehen und so ihren Wortschatz zu erweitern.

Schlusswort

- Die allen Materialien innewohnende eigene Logik, sowie die Möglichkeit, das eigene Handeln selbständig zu überprüfen, vermittelt den Kindern Erfolgserlebnisse, unabhängig von ihren sprachlichen Fähigkeiten.
- Jedes Kind hat die Möglichkeit, seinem Tempo und seinem Entwicklungsstand entsprechend Materialien der Lernwerkstatt zu erleben und zu begreifen.
- Lernwerkstätten tragen durch eine interkulturelle Angebotsstruktur dazu bei, sich vorurteilsbewusst mit Verbindendem und Unterschiedlichem auseinander zu setzen.
- Erfahrungen aus der Praxis haben gezeigt, dass Kinder das Angebot der Lernwerkstatt mit großem Interesse und Begeisterung nutzen.

Zusammenfassende Thesen zur Einrichtung von Lernwerkstätten
- Eine Lernwerkstatt muss sich als ein Teil der Gesamtkonzeption einer Kindertageseinrichtung verstehen
- Lernwerkstätten unterstützen kindliche Lernprozesse
- Pädagogen sind Bildungsbegleiter in der Lernwerkstatt
- Lernwerkstätten unterstützen die Erfüllung des Bildungsauftrags der Kindertageseinrichtung

Mögliche Lernbereiche einer Lernwerkstatt können sein
- Bereich für Lesen, Schreiben, Sprache
- Bereich für Mathematik
- Bereich zum naturwissenschaftlichen Forschen
- Technik-, Tüftlerecke
- Bereich für Übungen des täglichen Lebens
- Bereich zum Bauen und Konstruieren
- Bereich zum (genauen Hin-)Hören
- Einbeziehung von Medien
- Projekt-/Themenecken

Nach fast zwei Jahren intensiver Selbstbildung und praktischer Erfahrung mit der „Lernwerkstattarbeit" können wir feststellen, es war und ist ein lohnender Weg.

Der Arbeitskreis „Lernwerkstatt", der aus den ersten Fortbildungstagen entstanden ist, ist auch heute noch aktiv. Die Termine für das Jahr 2004 sind bereits fest im Kalender eingeplant. In mehreren Kindertageseinrichtungen sind Lernwerkstätten entstanden und mittlerweile ein fester Bestandteil in den Einrichtungen geworden.

Wir wollen all jenen Mut machen, die durch unsere Arbeit Lust bekommen haben, sich auf das Thema Lernwerkstätten einzulassen.

- Suchen sie sich Gleichgesinnte. Gemeinsam geht es leichter.
- Nutzen sie die Erfahrungen der Kolleginnen, die bereits eine Lernwerkstatt in ihr Hauskonzept integriert haben. Hospitieren sie in den bestehenden Lernwerkstätten und stellen sie kritische Fragen.
- Lassen sie sich nicht von Fragen, wie wir sie in den oben genannten Stolpersteinen aufgeführt haben, entmutigen. Solche und viele andere Fragen gehören dazu und es ist wichtig, sich intensiv mit ihnen auseinander zu setzen.
- Bilden sie sich ein eigenes Urteil und entwickeln sie ein individuelles Konzept, das in ihre Einrichtung passt.

Wir wünschen allen, die sich auf den „Weg" machen, gutes Gelingen!

Literatur

Einführende, grundlegende Literatur zum Thema:

Albert, Christine (2000): Lernwerkstatt Kindergarten. Ein Handbuch für die Praxis. Neuwied: Luchterhand

Irskens, Beate (1997): Die Lernwerkstatt. Eine lebendige Verbindung von Kreativität und Lernen. Frankfurt: Eigenverlag des Dt. Vereins für Öffentliche und Private Fürsorge

Pallasch, Waldemar / Reimers, Heino (1990): Pädagogische Werkstattarbeit. Eine pädagogisch-didaktische Konzeption zur Belebung der traditionellen Lernkultur. Weinheim: Juventa

Das Bilderbuch zur Werkstattarbeit:

Belli, Gioconda (2001): Die Werkstatt der Schmetterlinge. Wuppertal: Peter Hammer

Zitierte Literatur:

Albert, Christine (2000): Lernwerkstatt Kindergarten, Neuwied: Luchterhand

Bayrisches Staatsministerium für Arbeit und Sozialordnung, Familie und Frauen, Staatsinstitut für Frühpädagogik (2003): Der Bayrische Bildungs- und Erziehungsplan für Kinder bis zur Einschulung in Tageseinrichtungen. München 1. Entwurf

von der Beek, Angelika / Buck, Matthias / Rufenach, Annelie (2001): Kinderräume bilden: ein Ideenbuch für die Raumgestaltung in Kitas. Neuwied, Berlin: Luchterhand

Berg, Host Klaus (2002): Maria Montessori – Mit Kindern das Leben suchen. Antworten auf aktuelle pädagogische Fragen. Freiburg: Herder

Bilstein, Johannes (1997): Jenseitslandschaften im pädagogischen Diesseits: Garten, Fabrik und Werkstatt, in: Gerold Becker (Hrsg.)

(1997): Räume bilden. Studien zur pädagogischen Topologie und Topographie. Seelze-Velber: Kallmeyer, S. 19–53

Christiansen, Christiane (2003): Spielerische Sprachförderung in Kindertageseinrichtungen (hrsg. vom Ministerium für Bildung, Wissenschaft, Forschung und Kultur des Landes Schleswig-Holstein). Kiel

DELPHI-Befragung 1996/1998 (1998): Potentiale und Dimensionen der Wissensgesellschaft – Auswirkungen auf Bildungsprozesse und Bildungsstrukturen. Integrierter Abschlußbericht (vorgelegt von Prognos AG Basel, Verfasser Johannes Stock)

Elschenbroich, Donata (2002): Weltwissen der Siebenjährigen. Wie Kinder die Welt entdecken können. München: Goldmann

Feibel, Thomas (1997): Multimedia für kids. Spielen und lernen am Computer. Reinbek: Rowohlt, S. 99–104

Friedrich, Gerhard / Bordihn, Andrea (2003): So geht's – Spaß mit Zahlen und Mathematik im Kindergarten. spot: Ein Sonderheft von „kindergarten heute – Zeitschrift für Erziehung". Freiburg: Herder, S. 4–29

Geo Wissen (2003): Bildung – Wie das Lernen wieder Spaß macht, Nr. 31

Gisbert, Kristin (2003): Wie Kinder das Lernen lernen. Vermittlung lernmethodischer Kompetenzen. In: Wassilios E. Fthenakis (Hrsg.): Elementarpädagogik nach PISA. Wie aus Kindertagestätten Bildungseinrichtungen werden können. Freiburg: Herder

Gopnik, Alison / Kuhl, Patricia / Meltzoff, Andrew (2001): Forschergeist in Windeln: wie ihr Kind die Welt begreift. München: Ariston

Hoenisch, Nancy / Niggemeyer, Elisabeth (2003): Bildung mit Demokratie und Zärtlichkeit. Lernvergnügen mit Vierjährigen. Weinheim, Berlin: Beltz

Hüther, Gerald (2003): Über die Beschaffenheit des neurobiologischen Substrats, auf dem Bildung gedeihen kann, In: Neue Sammlung 1, S. 31–43

Juul, Jesper (2001): Das kompetente Kind. Reinbek: Rowohlt

Klein, Lothar / Vogt, Herbert (1998): Freinet-Pädagogik in Kindertageseinrichtungen. Freiburg: Herder

Laewen, Hans-Joachim (1997): Projektbeschreibung: Zum Bildungsauftrag von Kindertageseinrichtungen (Projektträger Infans – Institut für angewandte Sozialisationsforschung Frühe Kindheit. Berlin/Falkensee: Projekt gefördert durch: Bundesministerium für Familie, Senioren, Frauen und Jugend u. a.), zum Download unter: www.infans.de/abproj/bildungsauftrag.html

Laewen, Hans-Joachim / Andres, Beate (Hrsg.) (2002a): Forscher, Künstler, Konstrukteure – Werkstattbuch zum Bildungsauftrag von Kindertageseinrichtungen. Weinheim, Berlin, Basel: Beltz

Laewen, Hans-Joachim / Andres, Beate (Hrsg.) (2002b): Bildungsprozesse in der frühen Kindheit – Bausteine zum Bildungsauftrag von Kindertageseinrichtungen. Weinheim, Berlin, Basel: Beltz

Lück, Gisela (2003): Handbuch der naturwissenschaftlichen Bildung. Theorie und Praxis für die Arbeit in Kindertageseinrichtungen. Freiburg: Herder

Ludwig, Harald (Hrsg.) (2003): Erziehen mit Maria Montessori. Ein reformpädagogisches Konzept in der Praxis. Freiburg: Herder

Malaguzzi, Loris (1990) in: Gisela Rettig-Nicola (1992): Zum neuen Bild vom Kind: eine Auseinandersetzung mit dem „Modell Reggio" in Hamburg und Berlin. Dokumentation Kinderträume – Kinderräume (hrsg. vom Amt für Jugend, Aus- und Fortbildung). Sozialpädagogische Fortbildung Heft 44, S. 69

Maturana, Humberto R. / Varela, Francisco J. (2000, 9. Aufl.): Der Baum der Erkenntnis: die biologischen Wurzeln des menschlichen Erkennens. München: Goldmann

Montessori, Maria (1997): Kinder sind anders. München: dtv

Näger, Sylvia (2003): So geht's – Medienpädagogisch arbeiten. spot: Ein Sonderheft von „kindergarten heute – Zeitschrift für Erziehung". Freiburg: Herder

Neuß, Norbert / Michaelis, Carola (2002): Computer schon im Kindergarten? Einführende Überlegungen. In: Dies.: Neue Medien im Kindergarten. Spielen und lernen mit dem Computer. Offenbach: Gabal, S. 9

Onken, Annette (2003): Die Erziehung des Kindes im frühen Kindesalter, in: Harald Ludwig (Hrsg.) (2003): Erziehen mit Maria Montessori. Ein reformpädagogisches Konzept in der Praxis. Freiburg: Herder, S. 37–43

Oswald, Peter (2002): Grundgedanken der Montessori-Pädagogik. Freiburg: Herder
Pallasch, Waldemar / Reimers, Heiner (1990): Pädagogische Werkstattarbeit. Weinheim, München: Juventa
Reichen, Jürgen (1997) in: Die ganze Welt begreifen – Wie lernen Kinder. Dokumentation der Tagung (durchgeführt vom Amt für Kindertageseinrichtungen in der EkiBB, Berlin)
Rettig-Nicola, Gisela (1992): Zum neuen Bild vom Kind: eine Auseinandersetzung mit dem „Modell Reggio" in Hamburg und Berlin. Dokumentation Kinderträume – Kinderräume (hrsg. vom Amt für Jugend, Aus- und Fortbildung). Sozialpädagogische Fortbildung Heft 44
Rix, Achim (2001, 3. Aufl.): Den Stift im Griff: 123 Spielhandlungen zur Schulung der Grafomotorik. Horneburg: Persen
Sander, Rita / Spanier, Rita (2003): Sprachentwicklung und Sprachförderung – Grundlagen für die pädagogische Praxis. spezial: Ein Sonderheft von „kindergarten heute – Zeitschrift für Erziehung". Freiburg: Herder
Schäfer, Gerd (2003a): Bildung beginnt mit der Geburt. Ein offener Bildungsplan für Kindertageseinrichtungen in Nordrhein-Westfalen. Weinheim, Basel: Beltz
Schäfer, Gerd E. (2003b): Unveröffentlicher Vortrag auf dem Oldenburger Kongress zur offenen Arbeit, Oktober 2003
Singer, Wolf (2003): Was kann ein Mensch wann lernen? Ein Beitrag aus der Sicht der Hirnforschung. In: Wassilios E. Fthenakis (Hrsg.) (2003): Elementarpädagogik nach PISA. Wie aus Kindertagesstätten Bildungseinrichtungen werden können. Freiburg: Herder, S. 67–75
Spitzer, Manfred (2002): Lernen: Gehirnforschung und die Schule des Lebens. Heidelberg, Berlin: Spektrum
Steenberg, Ulrich (2002): Kinder kennen ihren Weg. Ein Wegweiser zur Montessori-Pädagogik. Ulm: Klemm und Oelschläger
Tielemann, Marion (1999): Reader „Die Lernwerkstatt" (hrsg. vom Förderverein der KitaBü, Steenhoop 36, 22949 Ammersbek), zu beziehen auf Anfrage unter KitaBue@gmx.de

Venohr, Dorothee (2002): Integrative Montessori-Pädagogik. Praktische Anregungen für die Arbeit mit Kindern. Dortmund: Verlag Modernes Lernen
Wild, Rebeca (1996): Erziehung zum Sein. Erfahrungsbericht einer aktiven Schule. Freiamt: Arbor-Verlag Valentin
Wild, Rebeca (2001): Lebensqualität für Kinder und andere Menschen. Erziehung und der Respekt für das innere Wachstum von Kindern und Jugendlichen. Weinheim, Basel: Beltz
Zimmer, Jürgen (1998): Das kleine Handbuch zum Situationsansatz. Weinheim, Basel: Beltz

Literaturhinweise zur Lese- und Schreibecke:
Andresen, Ute / Popp, Monika (2002): ABC und alles auf der Welt. Ein Lese-Schatz-Bilderbuch mit vierfarbigen Bildern. Weinheim, Basel: Beltz
Beckstein, Cornelia / Schäfer, Marion (2000): Der geflügelte Bleistift. Münster: Ökotopia
Brookfield, Karen (1993): Schrift. Von den ersten Bilderschriften bis zum Buchdruck. Hildesheim: Gerstenberg
Loose, Antje C. / Piekert, Nicole / Diener, Gudrun (1997): Graphomotorisches Arbeitsbuch. München: Pflaum
Müller, Hildegard (2002): Das ABC Bilderbuch. Weinheim: Anrich
Gisela Walter (2003): Die Welt der Sprache entdecken. Wunderfitz-Arbeitsheft zur Sprachförderung. Freiburg: Herder
Rita Sander, Rita Spanier (2003): Sprachentwicklung und Sprachförderung – Grundlagen für die pädagogische Praxis. spezial: Ein Sonderheft von „kindergarten heute – Zeitschrift für Erziehung". Freiburg: Herder, S. 24
Tenta, Heike (2002): Schrift- & Zeichenforscher. Was Kinder wissen wollen. München: Don Bosco
Informationen zur Sprachförderung von Christiane Christiansen im Internet unter www.lernnetz-sh.de/foerdephon oder www.lernnetz-sh.de/foerdesprache

Literaturhinweise zur Matheecke:
Dahl, Kristin / Nordquist, Sven (1996): Zahlen, Spiralen, magische Quadrate. Mathe für jeden. Hamburg: Oetinger
Friedrich, Gerhard / Bordihn, Andrea (2003): So geht's – Spaß mit Zahlen und Mathematik im Kindergarten. spot: Ein Sonderheft von „kindergarten heute – Zeitschrift für Erziehung". Freiburg: Herder
Lecante, Frédérique / Oberauer, Sylvia (1995): Raum und Zeit begreifen. Übungen und Spiele für 3–6-jährige. Linz: Veritas
Nikitin, Boris u. Lena: Das Nikitin-Material. Aufbauende Spiele zum Erziehungsmodell der Nikitins, Logo-Lern-Spiel-Verlag, Beckenkamp 25, 46262 Dorsten, Tel.: 02369/917530

Literaturhinweise zum naturwissenschaftlichen Bereich/zur Forscherecke:
Eckermann, Pelle / Nordquist, Sven (1991): Linsen, Lupen, magische Skope. Hamburg: Oetinger
Evans, David / Williams, Claudette (2000): 444 einfache Experimente für Kinder. Bindlach: Loewe
CD-Rom, die Kinder zum naturwissenschaftlichen Forschen anregt Robin Hood-Versand, Küppelstein 36, 42857 Remscheid, Tel.: 02191-794-242, www.robin-hood-versand.de
Hibon, Mireille / Niggemeyer, Elisabeth (1998): Spielzeug Physik. Neuwied: Luchterhand
Hoenisch, Nancy / Niggemeyer, Elisabeth (2001): Hallo Kinder, seid Erfinder. Abenteuer mit dem Alltäglichen. Neuwied: Luchterhand
Lück, Gisela (2003): Handbuch der naturwissenschaftlichen Bildung. Theorie und Praxis für die Arbeit in Kindertageseinrichtungen. Freiburg: Herder

Literaturhinweise zu den Übungen des täglichen Lebens:
Biebricher, Helga / Speichert, Horst (2003): Montessori für Eltern. Die Materialien, die Methode. Für Kinder von 2–6. Reinbek: Rowohlt
Handbuch Montessori-Material, zu beziehen bei: Riedel GmbH, Tel.: 0721–515350. E-Mail: RIEDELGMBH@aol.com
Steenberg, Ulrich (2002): Montessori-Pädagogik im Kindergarten. Freiburg: Herder

Literaturhinweise zur Bau- und Konstruktionsecke:
Bostelmann, Antje / Fink, Michael (2001): Zauberschwert und Computerschrott. Geschichten aus der Bauwerkstatt. Neuwied: Luchterhand

Literaturhinweise zur Hörecke:
Baker, Wendy u. a. (1993): Klänge, Töne und Geräusche. München: Ars edition
Höfele, Hartmut / Steffe, Susanne (1991): Wir wollen Musik erfinden. Reinbek: Rowohlt

Literaturhinweise zum Einsatz von Medien in der Lernwerkstatt:
Feibel, Thomas (1997): Multimedia für kids. Spielen und lernen am Computer. Reinbek: Rohwolt
Maier, Rebecca / Mikat, Claudia / Zeitler, Ernst (1997): Medienerziehung in Kindergarten und Grundschule. 490 Anregungen für die praktische Arbeit. München: KoPäd
Näger, Sylvia (2003): So geht's – Medienpädagogisch arbeiten. spot: Ein Sonderheft von „kindergarten heute – Zeitschrift für Erziehung". Freiburg: Herder
Neuß, Norbert / Michaelis, Carola (2002): Neue Medien im Kindergarten. Spielen und lernen mit dem Computer. Offenbach: Gabal

Adressen

Auftraggeber der Fortbildung und des begleitenden Arbeitskreises:
AWO-Landesverband Schleswig-Holstein, Fachberatung: Beate Müller-Czerwonka, Feldstraße 5, 24105 Kiel, Tel. 0431/5114-0

Teilnehmende am Projekt Lernwerkstatt und Erarbeitung des Textes:
AWO-Kindertagesstätte, Pappelallee, Horst, Marlies Amégnikpo
AWO-Kindertagesstätte Bekstraße, Wedel, Bettina Jänsch
AWO-Kindertagesstätte Bollerwagen, Neumünster, Franziska Schubert-Suffrian, Berit Bracker, Michaela Filter
AWO-Kita Holstenstieg, Halstenbek, Helen Tesch, Petra Sanow
AWO-Kinderhaus Hasseerstr., Kiel, Andrea Kößling
AWO-Kindertagesstätte Kunterbunt, Kaltenkirchen, Kathrin Korff, Claudia Mohr
AWO-Kinderhaus Lamp'sche Koppel, Schönberg, Sabine Redecker, Birgit Neuhausen
AWO-Kindertagesstätte Rolfshörner Weg, Bredenbek, Birgit Ziele
AWO-Kinderhaus Räucherei, Kiel, Sonja Vogel, Sabine Stielow
AWO-Kindertagesstätte Storchennest, Flintbek, Angelika Ohrt
(Alle Kitas sind gerne bereit, Auskunft zu geben und stehen für Hospitationen auf Anfrage zur Verfügung.)

AWO-Landesverband Schleswig-Holstein e.V., Fachberaterin Beate Müller-Czerwonka
AWO-Kreisverband Kiel e.V., Fachberaterin Reinhild Gotsch
AWO-Kreisverband Pinneberg e.V., Fachberaterin Renate Brütt

Durchführung der Fortbildung: Christel van Dieken. Überarbeitung der Texte Stand Dezember 2003. Der Redaktionskreis: Beate Müller-Czerwonka, Franziska Schubert-Suffrian, Sabine Redecker, Angelika Ohrt, Renate Brütt. Die Kita Bünningstedt, Steenhoop, Leitung: Marion Tielemann hat uns allen den Anstoß zur Einrichtung von Lernwerkstätten gegeben. Marion Tielemann (www.mtielemann.com) führt Seminare und Studientage zum Thema „Lernwerkstatt" durch und organisiert Hospitationen in der Lernwerkstatt der Kita Bünningstedt.